CLC 기독교문서선교회(Christian Literature Center: 약칭 CLC)는 1941년 영국 콜체스터에서 켄 아담스에 의해 시작되었으며 국제 본부는 미국 필라델피아에 있습니다. 국제 CLC는 약 650여 명의 선교사들이 59개 나라에서 180개의 서점을 운영하며 이동 도서 차량 40대를 이용하여 문서 보급에 힘쓰고 있으며 이메일 주문을 통해 130여 국으로 책을 공급하고 있는 국제적 문서선교 기관입니다.

추천사 1

이 상 학 목사
새문안교회 담임목사

　오늘날 한국 교회의 위기는 교회의 본질과 정체성의 위기인 동시에, 세상과의 접촉점도 상실한 상관성의 위기이다. 그래서 지난 20년 동안 한국 교회는 교회 갱신을 위한 수많은 진단과 처방책을 내놓았지만, 백약이 무효였다.

　유제성 박사의 책 『낯선 하나님』은 흔히 한국 교회의 위기를 말하는 학자나 목사가 진부할 정도로 내놓는 그 어떤 언어나 생각의 단상도 꺼내지 않으면서, 오직 구약에 나타난 하나님의 낯선 모습을 복음의 토대 위에 풀어 헤쳐 설득력 있게 제시하는 것으로 이 두 가지 위기를 돌파해 나가고 있다. 그는 나의 이 언급을 전혀 인식하지 못할지도 모르지만 말이다.

　첫째, 그는 설명되지 않고 납득되지 않는 성경의 난제, 특히 하나님의 행동을 피해가거나 에둘러 가지 않고 정면으로 돌파해 간다. 그것도 하나님의 사랑과 정의에 대한 강철 같은 신념을 갖고 말이다.

놀라운 것은, 대개 사랑과 정의가 하나님의 양팔임에 이를 붙잡게 되면 기독교의 전통과 정통(orthodox)에는 부합하나 너무 쉽게 고루해진다. 그 나머지, 이성적 사유를 하는 사람들에게는 설득력이 떨어지는데, 이에 반해 유제성 박사의 하나님 설명은 다르다. 저절로 고개가 끄덕여지면서 동시에 그가 설명하는 하나님께 더욱 가까이 가고 싶을 정도로, 하나님을 은혜롭게 변증해 내고 있다.

대개 복음적이고 은혜로우면 그 섣부름 때문에 오히려 변증력이 떨어지는데, 이 책은 이 둘을 절묘하게 끌어안고 있다는 뜻이다. 이는 유제성 박사가 목사로서 현장에서 자신이 만난 하나님 경험과 책상에서 공부한 학자로서의 모습 사이의 긴장을 포기하지 않고 신실하게 붙잡은 신학적, 신앙적 내공의 결과물로 보인다.

둘째, 구약성경에 나타난 잘 납득되지 않는 낯선 하나님의 모습을 풀어내면서, 이를 신학적 현학성이 아니라 하나님의 '심오한 사랑'으로 결론짓는 신실함이 있다. 이는 현장 목회자로서 인간 영혼을 끌어안아 하나님의 존전에 세우려는 몸부림이 떠오르게 한다. 같은 처지에 있는 목회자로서 공감의 미소와 함께 하나님께 대한 신실함에 눈시울이 뜨거워진다.

셋째, 앞서 언급했듯, 진정으로 교회를 교회답게 세우는 교회 갱신적 성경 해석이 어떤 것인지를 '갱신'이나 '개혁'이라는 말 한마디 하지 않고 고요하게 보여 준다. 『낯선 하나님』은 교리학적으로 2천 년 기독교 전통의 신론(神論) 속에 확고히 자리매김하면서도, 21세기를 사는 사람들에게 하나님을 너무나 설득력 있게 전하고 있기 때문이다.

이런 묵상의 결과물을 내기까지 치열하게 자신과 하나님, 그리고 섬기는 공동체와 씨름했을 유제성 박사에게 격려와 박수를 보내고 싶다. 진정으로 은혜로우시고, 인간을 깊이 사랑하시는 생명을 주시는 하나님을 만나고 싶은 분들에게 일독을 권한다.

추천사 2

정용한 박사
연세대학교 신약학 교수, 교목

　같은 성경 학자이자 목회자로 누구보다 치열하게 살아온 귀한 동역자의 옥고를 접하게 되었을 때, 얼마나 큰 기쁨과 감격에 사로잡혔는지 모른다. 저자의 추천으로 제5장부터 읽게 되었고 이내 왜 욥의 묵상을 먼저 읽으라고 했는지 알 수 있었다. 정작 저자 본인의 전공은 요나였지만 학위를 마치고 이민 교회를 섬기며 저자 자신이 지난 세월 욥의 삶을 누구보다 깊이 묵상해 냈다는 것을 느낄 수 있었다.
　나는 욥을 위해 격동당하신 하나님을 이렇게 깊이 묵상하고 변호해 낸 글을 지금껏 만나 보지 못했다. 저자의 묵상과 함께 욥의 아픔과 성장이 책장을 넘길 때마다 전해졌고, 형언할 수 없는 감동과 깊은 깨달음이 나의 무뎌진 영혼을 깨워 주었다. 이런 욥을 깨닫기까지 저자의 삶은 또 얼마나 치열했을까를 질문하며 나의 삶까지 반추해 볼 수 있었다.
　그렇게 하고 나서 저자가 묵상한 야곱, 요셉, 유다, 여호수아, 다윗, 요나를 차례로 만났다. 저자의 도움을 통해 어느 때보다, 이 인물들을 깊이 그리고 감동적으로 만날 수 있었다. 그들은 더 이상 수천 년

전, 성경에만 살아 있던 분들이 아니라 지금 이 시대 나와 함께 낯선 하나님을 고민하며 깨달아 가는 동반자들이 되어 주었다.

  사막과 같은 현실 속에서 어떤 주석서나 설교집보다 성경의 인물들을 새롭게 부활시켜 시원한 냉수를 제공해 준 저자에게 감사의 마음을 전한다. 하나님을 다시 한번 낯설게 만들어 주었기에 하나님을 더 깊이 알고자 하는 열망을 도전해 준 이 책이 광야 같은 인생길을 걷는 신앙인들에게 하나님의 섭리를 더 깊이 깨닫게 하는 길라잡이가 되어 주리라 확신한다.

추천사 3

이 종 태 박사
서울여자대학교 교목실장

『낯선 하나님』은 구약 학자이자 목회자인 저자의 '씨름' 기록이다. 저자는 성경 본문과 씨름한다. 성경을 정직하게 읽는 이는, 그저 성경 아래에 누워 위에서 떨어지는 꿀을 기다리거나, 성경 위에 다리 꼬고 앉아 성경을 내려다보지 않는다. 그는 성경과 두 눈을 맞추고, 두 발로 땅을 디디고서는 성경과 씨름한다.

성경은 단순한 답이나 편리한 정보를 제공해주는 죽은 책이 아니라, 우리를 어려운 질문 속으로, 불편한 진실 속으로, 나를 넘어서는 신비 속으로 이끄시는 살아 계신 하나님의 말씀이기 때문이다.

『낯선 하나님』은 성경을 그저 능수능란하게 '이용'하는 설교자나 신학자가 아니라, 성경을 정직하게, 또 치열하게 '읽고' 씨름하는 목회자, 성경 학자의 모습을 보여 준다. 성경 본문과의 씨름은 결국 하나님과의 씨름을 뜻한다.

야곱처럼 저자는 어려운 삶의 여정에서 맞닥뜨린 하나님을, 성경을 붙들고 놓아 주지 않으면서 "한 말씀만 하소서" 갈구한다. 우리로 씨름하게 하시는 하나님은 '낯선' 하나님. 하지만, 그런 낯선 하나님이 성경의 하나님, 야곱의 하나님, '이스라엘'의 하나님, 예수 그리스도의 아버지 하나님이다.

십자가 위에서 예수님은 "어찌하여 나를 버리셨나이까" 씨름하셨다. 무엇보다 개인적으로 저자를 알아 온 사람으로서 『낯선 하나님』에서 믿음의 씨름을 하는 한 신앙인의 모습을 보게 된 것이, 이 책의 독서를 통해 얻은 가장 큰 즐거움과 유익이었다. 위안과 도전, 공감과 통찰을 얻은 독서였다.

나를 포함해 독자가 이 책의 성경 해석에 모두 동의하는지는 그리 중요한 문제가 아니다. 성경은 삶을 '해석되어야 할' 문제이기 이전에 우리가 '살아내야 할' 신비이기 때문이다. 그 신비를 붙들고 씨름하는 믿음의 손, 소망의 눈, 사랑의 가슴을 『낯선 하나님』은 보여 준다.

낯선 하나님

Unfamiliar God: *The God Who Provokes and Is Provoked*
Written by Justin Chesung Ryu
All rights reserved.
Korean Edition Copyright © 2025 by Christian Literature Center, Seoul, Korea.

낯선 하나님

2025년 9월 20일 초판 발행

| 지은이 | 유제성 |

편　　집	조수연
디 자 인	박성준, 소신애
펴 낸 곳	(사)기독교문서선교회
등　　록	제16-25호(1980. 1. 18.)
주　　소	서울특별시 동대문구 천호대로71길 39
전　　화	02-586-8761~3(본사) 031-942-8761(영업부)
팩　　스	02-523-0131(본사) 031-942-8763(영업부)
이 메 일	clckor@gmail.com
홈페이지	www.clcbook.com
송금계좌	기업은행 073-000308-04-020(사)기독교문서선교회
일련번호	2025-71

ISBN 978-89-341-2861-8(03230)

이 책의 출판권은(사)기독교문서선교회가 소유합니다.
신저작권법에 의하여 한국 내에서 보호를 받는 저작물이므로 무단 전재와 무단 복제를 금합니다.

낯선 하나님

격동시키시고 · 격동당하시는 · 하나님

유제성 지음

CLC

여호와여, 나는 진실로 주의 종이요,
주의 여종의 아들, 곧 주의 종이라.
주께서 나의 결박을 푸셨나이다.

(시편 116:16).

목차

추천사 1 이 상 학 목사 | 새문안교회 담임목사   1
추천사 2 정 용 한 박사 | 연세대학교 신약학 교수, 교목   4
추천사 3 이 종 태 박사 | 서울여자대학교 교목실장   6

감사의 글   15
저자 서문   16

제1장 하나님은 왜 야곱을 사랑하셨는가?   23
  1. 하나님과 리브가   24
  2. 에서와 야곱의 인물 분석(Character Study)   28
  3. 하나님의 약속   31
  4. 야곱과 에서가 원했던 것   34
  5. 야곱의 삶에 개입하시는 하나님   41

제2장 하나님은 왜 유다를 선택하셨는가?   49
  1. 요셉과 유다   50
  2. 유다 이야기   54
  3. 아들 유다   57
  4. 아버지 유다   63

제3장 하나님은 왜 여호수아를 위해 해와 달을 멈추셨는가?   71
   1. 여호수아서 - 하나님은 누구의 편이신가?   72
   2. 기브온 전투   75
   3. 여호수아의 중심   79
   4. 여호수아의 전심   82

제4장 하나님은 왜 다윗을 격동시키셨는가?   95
   1. 다윗왕   96
   2. 다윗의 인구 조사   99
   3. 하나님 마음에 합한 자 다윗   106
   4. 책임지는 왕 다윗   112
   5. 아라우나의 타작 마당   122

제5장 하나님은 왜 사탄에게 격동당하셨는가?   129
   1. 욥기 소개   130
   2. 하나님과 사탄   133
   3. 욥의 고난의 이유   138
   4. 고통의 폭풍 속에서   142
   5. 욥기의 결말   157

제6장 하나님은 왜 요나를 니느웨로 보내셨는가?   171
   1. 요나서   172
   2. 요나서 안의 난제들   175
   3. 요나의 분노와 침묵   191
   4. 하나님의 분노, 하나님의 침묵, 요나의 생존   196

감사의 글

어머니를 요양원에 모신 후,
더 좋은 아들이었어야 했다는 깊은 후회를 안은 채
이 책을 쓰기 시작했다.
남편과 아버지로서는 같은 후회를 하지 않기를.

주의 여종인 나의 어머니, 지민.
주께서 주신 돕는 배필인 아내, 현희.
그들의 생명이 나의 생명과 묶여 있는 슬기, 아름, 주함.
말 없이 믿고 신뢰해 주시는 아버지와,
책의 시작부터 끝까지 세심하게 살펴 준 두 누이, 주현, 주희.

나의 부족함으로 인해 주변 사람들에게 많은 짐이 되었음을 인정하며,
그러나 그 부족함이 내가 사랑하는 이들에게 상처로 남지 않도록 늘 보호하시고 배려해 주신 하나님께 깊이 감사드린다.

저자 서문

유제성 목사

갈보리교회 담임목사

대학을 졸업하고 해군 장교로 복무하던 어느 날, 집에 돌아가니 어머니께서 물으셨다.

"군대 생활도 거의 끝나 가는데, 전역하면 무엇을 할 생각이니?"
"글쎄요, 뭘 할까요?"
"네가 제일 잘하는 것은 무엇이니?"

나는 무얼 잘하는가?
잘하는 것이 있기는 한가?
잠시 고민하다가 별다른 생각 없이, 혹은 생각나는 대로 대답했다.
"나야, 성경을 잘 읽지."
"그럼 그걸 해 보렴."
인생은 복잡해 보이지만, 때때로 중요한 결정은 단순하고 명확한 이유로 내려진다. 어머니의 말씀은 내게 투명하게 들렸다.

지방 도시에서 근무하며 서울에 있는 누나에게 신학대학원 원서를 대신 접수해 달라고 부탁했다. 그런데 갑자기 군 부대로 누나에게서 전화가 걸려 왔다.

"전공을 정해야 원서를 접수할 수 있어."

나도 누나도 목회학 석사(M. Div)와 신학 석사(Th. M)가 어떻게 다른지조차 모를 때여서, 전공이 없는 목회학 석사가 아닌, 전공을 정해야 하는 신학 석사 과정에 누나가 원서를 접수하려 하고 있다는 사실을 둘 다 알지 못했다. 예상치 못한 질문에 내가 물었다.

"그럼, 무슨 무슨 전공이 있다는데?"

"구약, 신약, 교회사, 조직신학, 기독교 교육, 기독교 윤리, 이렇게 여섯 개가 있대."

누나는 접수를 마치고 돌아가야 하니 얼른 결정하라고 독촉했다. 마침 전화가 왔을 때, 구약성경을 읽고 있었던 터라,

"그럼 구약을 전공하지, 뭐."

그렇게 나는 별다른 고민 없이 대답했다. 그 선택이 내 인생을 결정짓는 순간이 될 줄은 전혀 알지 못한 채 말이다.

우여곡절 끝에 입학 시험을 통과하고 구약 전공으로 대학원 석사 과정에 입학하게 되었다. 그때쯤, 수원에 사는 사촌 여동생에게서 연락이 왔다. 독실한 천주교 신자였던 사촌 동생은 나를 만나자 대뜸 물었다.

"오빠가 신학대학원을 간다고 하니, 줄곧 궁금했던 것 하나를 묻고 싶어. 하나님은 도대체 왜 야곱을 사랑하신 거야?"

그동안 성경을 열심히 읽어 왔고 나도 비슷한 의문을 가진 적이 있었다. 하지만, 막상 질문을 받으니 어떻게 대답해야 할지 막막했다. 그래서 이렇게 대답했다.

"야, 내가 신학대학원을 졸업하는 게 아니라 이제 입학하는 거야. 그런 질문은 졸업할 때 해야지. 아직 첫 수업도 못 들어 봤다고."

그 이후 2년간 대학원에서 구약을 공부하며 나는 매우 행복했다. 아주 오래 성경만 읽어 왔던 내가 드디어 '성경에 대한' 책들을 읽기 시작하며 얼마나 신이 났었는지 모른다.

처음 『구약 개론』을 읽으며 느꼈던 감동이 지금도 생생하다. 도서관에서 몇 페이지만 읽어도 가슴이 벅차 올라 더 이상 읽을 수 없어, 도서관 밖 잔디밭으로 나가 한참을 서성이며 마음을 추스르곤 했다. 그렇게 다시 돌아와 책을 읽다가 또다시 잔디밭으로 나가 감정을 가라앉히기를 수없이 반복했다.

그때, 나는 이렇게 생각했다.

"사람에게 신에 대해 공부하는 것보다 더 신나는 일이 있을까?"

피조물이 창조주에 대해 공부하는 것보다 더 신나는 일은 없다고 생각했다. 게다가 평생 읽어 온 성경에 대해 전혀 알지 못했던 역사적·문학적 배경을 공부하며 나는 학문적으로도 큰 즐거움을 느꼈다.

수업 과제와 요구 사항은 어려웠지만, 공부가 즐거워서인지 2년 만에 무사히 석사 과정을 마쳤고, 졸업 후에는 더 깊이 공부하기 위해 유학을 떠나기로 했다.

그러나 2년간 구약을 공부하고 석사 논문까지 썼음에도, 나는 사촌 동생에게 했던 약속을 지키지 못했다. 내가 2년간 읽은 수많은 책 중 어디에서도 '하나님은 왜 야곱을 사랑하셨는가'라는 질문에 명확한 답을 찾을 수 없었다.

미국으로 유학을 가서 목회학 석사와 구약학 박사 과정을 마쳤지만, 상황은 마찬가지였다. 복잡한 학문적 답변들로는 도저히 사촌 동생의 단순하면서도 본질적인 질문에 답할 수 없었다. 오히려 공부를 하면 할수록 답을 찾기는커녕, 다음과 같은 질문들만 더 쌓여 갔다.

"하나님은 왜 다윗을 격동시키셨는가?"

"하나님은 왜 사탄에게 격동당하셔서 욥이 고통을 당하게 하셨는가?"

내 박사 학위 논문은 요나서에 관한 것이었다. 하나님이 요나를 니느웨로 보내신 일과 그의 분노와 침묵을 다루시는 문제에 대해 연구했다. 논문의 일부는 세계적인 구약 저널에 실렸고, 옥스퍼드대학교 출판부(Oxford University Press)로부터 *The Oxford Handbook of Biblical Narrative*에서 요나서 부분을 집필해 달라는 요청도 받았다.

그러나 이 책의 어느 부분도, 심지어 요나서에 관한 내용조차도, 내가 10년간 신학대학원에서 쌓은 학문적 지식만으로는 이끌어 갈 수 없었다. 아니, 나는 오히려 그 지식을 뛰어넘어야만 했다.

박사 과정을 마치고 미국 대학에서 강의도 했지만, 지난 20년간 나의 삶의 중심은 목회였다. 영어권 교회를 개척하며 언어와 문화의 차이를 극복하려 애쓰고, 이민자로서 경험해 보지 못한 환경에서 자녀들을 키우며 셀 수 없이 많은 실수와 좌절을 반복했다. 그리고 그렇게 이어진 수많은 낮과 밤 속에서, 나는 자신의 한계와 부족함을 절감하며 하나님과 씨름했다.

인생은 끊임없이 밀려오는 파도의 연속이다. 하나의 고비를 넘기면 그다음 고비가 찾아온다. 그러나 그 고비들을 마주할 때마다, 의지할 분은 오직 하나님뿐임을 믿고 씨름할 때마다, 하나님은 내가 전에 알지 못하던 새로운 얼굴을 보여 주셨다. 때로는 낯설고 불안하기도 했지만, 그 만남들을 통해 나는 인생의 다음 고비를 넘을 수 있었다.

『낯선 하나님』에서 탐구한 '하나님은 왜'라는 질문들에 대한 답은 아직도 완전하지 않다. 언젠가 더 단련되고 정제된, 더욱 투명한 언어로 하나님을 말할 수 있게 되기를 소망한다.

산 정상은 아직도 멀기만 한데, 한 고비를 넘기고 올라온 중턱에서 숨을 고르며 돌아보니, 여기까지 오는 데 이렇게 오래 걸렸구나. 뜬 눈으로 지샌 수많은 밤들이 발자국처럼 그 자리에 서 있었다.

이 책이 누군가에게도 하나님을 향한 탐구와 화해의 여정을 시작하는 작은 계기가 되기를 바라며, 나에게 그랬던 것처럼, 하나님과의 화해가 자기 자신과의 화해로 이어지기를 소망한다.

그뿐 아니라 또한 리브가가 우리 조상 이삭 한 사람으로 말미암아 임신하였는데 그 자식들이 아직 나지도 아니하고 무슨 선이나 악을 행하지 아니한 때에 택하심을 따라 되는 하나님의 뜻이 행위로 말미암지 않고 오직 부르시는 이로 말미암아 서게 하려 하사 리브가에게 이르시되 큰 자가 어린 자를 섬기리라 하셨나니 기록된바 내가 야곱은 사랑하고 에서는 미워하였다 하심과 같으니라(롬 9:10-13).

제1장

하나님은 왜 야곱을 사랑하셨는가?

개입하시는 하나님

창세기 25장: 리브가에게 내린 신탁

---

1. 하나님과 리브가

성경에서 야곱처럼 문제적인 인물도 드물다. 그는 조부 아브라함과 아버지 이삭을 이어 창세기 족장사의 중심 인물 중 하나이며, 하나님으로부터 '이스라엘'이라는 이름을 받아 그의 열두 아들의 후손이 이스라엘 백성이 되는 중요한 전환점을 이루었다. 그러나 문제는 그의 인품과 삶의 방식이다.

야곱은 하나님의 지속적인 방문과 사랑을 받으며 거룩한 믿음의 조상으로 성경에 기록되었지만, 그의 삶에는 거룩함이나 고귀함, 혹은 위대한 믿음의 결단이 두드러지지 않는다. 오히려 그의 삶은 비열함, 비겁함, 거짓, 갈등, 편애로 점철되어 있다.

그가 태어날 때 받은 이름 '야곱'은 쌍둥이 형의 발꿈치를 잡고 태어난 데서 유래했는데(창 25:26), 이후 그의 삶은 남의 발꿈치를 잡아 넘어뜨리는 인생이었다. 자신의 소원과 이익을 위해 끊임없이 다른 이들과 경쟁하며 살아왔고, 결국 하나님이 그에게 주신 새 이름 '이스라엘' 또한 그의 삶의 방식과 깊이 연관되어 있다.

'이스라엘'은 '하나님과 씨름하는 자'라는 뜻이다. 사람이나 세상과 끊임없이 다투며 살아온 야곱에게, 하나님은 이제 세상과 씨름하지 말고 하나님과 씨름하는 자가 되라는 의미로 그 이름을 주신 것이다.

우리가 세상과 씨름할 때, 하나님은 우리가 원하는 목적을 이루기 위한 인생에서 주인공인 우리를 돕는 조연에 불과하게 된다. 직설적으로 말하자면, 하나님은 우리가 원하는 것을 이루기 위해 필요할 때만 찾는 도구가 되어 버린다. 성경은 이러한 태도를 우상 숭배라고 한다. 그러나 우리가 하나님과 씨름한다는 것은 하나님이 우리의 도구나 수단이 아니라 목적이라는 뜻이다.

하나님은 세상과 씨름하며 하나님을 이용하려 했던 야곱에게, 이제는 하나님을 목적으로 삼고 하나님과 씨름하는 자가 되라는 의미로 '이스라엘'이라는 이름을 주셨다. 하지만, 야곱이 이스라엘로 변화되는 것은 그의 인생 후반부에 벌어진 일이다.

먼저 이 모든 일의 발단과 시작이 된 야곱의 탄생 이야기를 보자.

야곱이 아직 그의 어머니 리브가의 태중에 있을 때, 리브가는 자신의 뱃속에서 아이들이 다투고 있음을 느끼고 이에 대해 여호와 하나님께 물었다.

> 이삭이 그의 아내가 임신하지 못하므로 그를 위하여 여호와께 간구하매 여호와께서 그의 간구를 들으셨으므로 그의 아내 리브가가 임신하였더니 그 아들들이 그의 태속에서 서로 싸우는지라 그(리브가)가 이르되 이럴 경우에는 내가 어찌할꼬 하고 가서 여호와께 묻자온대 여호와께서 그에게 이르시되 두 국민이 네 태중에 있구나 두 민족이 네 복중에서부터 나누이리라 이 족속이 저 족속보다 강하겠고 큰 자가 어린 자를 섬기리라 하셨더라 (창 25:21-23).

하나님께서 두 아이의 운명에 대해 말씀하신 "큰 자가 어린 자를 섬기리라"라는 예언이 어머니 리브가에게 큰 영향을 미쳤을 것이다.

성경은 아버지 이삭이 첫째 아들 에서를 사랑한 반면, 어머니 리브가는 둘째 아들 야곱을 사랑했다고 기록한다(창 25:28). 그러나 리브가가 남편 이삭까지 속여 가며 첫째 아들의 복을 둘째 아들이 가로채게 한 것은, 단순히 야곱에 대한 모성애나 편애 때문이라기보다는 하나님의 예언을 염두에 둔 행동이었을 가능성이 크다.

야곱은 팥죽 사건을 통해 형 에서에게 장자의 명분을 사기는 했지만, 아버지와 형을 속일 만큼 대담한 사람은 아니었다. 실제로 리브가가 야곱에게 에서로 가장해 아버지를 속이라고 했을 때, 야곱은 아버지를 속이다 들키면 축복은 고사하고 저주를 받을까 걱정된다고 말하는 소심한 사람이었다(창 27:12). 그런 야곱에게 "저주는 내가 다 받을 테니 걱정하지 말고 아버지를 속여서 축복을 받으라"라고 단언한 것은 어머니 리브가였다.

에서가 배다른 자식도 아니고, 단지 이삭이 에서를 더 사랑해서가 아니라 당시 문화에서는 아버지의 복을 첫째 아들이 받는 것이 당연한 일이었다. 그런데도 가족을 파탄으로 이끌 것이 자명한 이 사기 행각을 리브가가 주도한 것은 하나님의 예언 때문이 아니고서는 설명하기 어려운 행동이었다.

물론, 이 속임수의 대가는 결국 리브가와 야곱이 치러야 했다. 리브가는 사랑하는 둘째 아들을 떠나 보내고 다시 보지 못한 채 생을 마감했으며, 야곱은 아버지 이삭의 눈이 어두움을 이용해 사기 행각을 벌였기 때문에 나중에 삼촌 라반에게 속아 밤의 어둠 속에서 라반의 첫째 딸 레아와 결혼하는 인과응보를 겪게 된다.

야곱은 왜 형의 발꿈치를 잡고 태어났을까?

뱃속의 어린 아이가 무엇을 안다고 태어나면서부터 장자권을 원했던 것일까?

그리고 만약 야곱이 정말로 그렇게 장자권을 원했다면 하나님은 왜 그를 처음부터 첫째로 태어나게 하지 않으셨을까?

게다가 하나님은 야곱을 첫째로 태어나게 하지는 않으시면서 왜 어머니 리브가에게 "큰 자가 어린 자를 섬기리라"라는 예언을 주셔서 그녀가 야곱이 형의 장자권을 빼앗는 일을 돕거나 주도하게 하셨을까?

설사 리브가의 속임수가 하나님이 직접 의도하신 일이 아니었다 하더라도, 하나님은 과거와 현재, 미래의 모든 인과 관계를 아시고 다스리시는 분이다. 이를 고려할 때, 리브가가 이 예언을 듣고 이후 어떤 행동을 할지 모르셨을 리 없다.

만약 하나님이 이 결과를 미처 예상하지 못하셨다면, 이는 하나님의 전지전능을 부정하는 것이 된다. 반대로, 하나님이 이 모든 것을 예상하시면서 의도적으로 그렇게 말씀하신 것이라면, 하나님이 야곱을 편애하여 두 형제의 운명을 조작하신 것이 아니냐는 의문이 생긴다.

이런 의문들을 제쳐 두더라도 하나님이 리브가에게 주신 신탁에서 드러나는 분명한 사실이 있다. 그것은 하나님이 이미 야곱과 에서가 태어나기도 전에 할아버지 아브라함에게 주신 축복의 계보를 에서가 아닌 야곱이 잇도록 정해 놓으셨다는 점이다.

그렇다면 모든 이에게 공정하셔야 할 창조주 하나님의 성품과 명성에 흠이 갈 위험에도 하나님은 왜 야곱의 삶에 개입하셨을까?

더 나아가, 성경은 "내가 야곱을 사랑하고 에서를 미워하였다"(말 1:2-3; 롬 9:13)라고 기록하며 하나님이 야곱을 편애하신 것이 사실인 것처럼 보고한다.

과연 하나님은 정말로 야곱을 편애하셨을까?

더욱이 야곱은 도덕적으로 하나님의 특별한 사랑과 축복을 받을 자격이 없는 인물이었다는 점에서, 이 질문은 한층 더 복잡해진다.

2. 에서와 야곱의 인물 분석(Character Study)

하나님의 의도와 목적을 이해하기 위해, 이 형제들이 어떤 인물이었으며 그들의 인생에 어떤 일이 벌어졌는지 면밀히 살펴볼 필요가 있다.

먼저 에서와 야곱이 쌍둥이라고 했는데, 그들은 일란성 쌍둥이였을까, 아니면 이란성 쌍둥이였을까?

성경에 따르면 에서는 털이 많고 야곱은 피부가 매끈했다고 하니(창 25:25), 둘은 외모가 다른 이란성 쌍둥이였을 것이다.

둘이 이란성 쌍둥이였다고 가정했을 때 두 아이는 아버지와 어머니 중 누구를 더 닮았을까?

창세기 25장 27-28절을 보면, 에서는 외향적이고 활달한 성격이며 야곱은 조용하고 내성적인 성격이었다. 또한, 아버지 이삭은 에서를 어머니 리브가는 야곱을 더 사랑했다고 하니, 에서는 아버지 이삭을 많이 닮았으며 야곱은 어머니 리브가를 닮았을 가능성이 크다.

그 증거로, 리브가가 야곱을 충동질해 남편 이삭을 속이게 한 것과 리브가의 오빠이자 야곱의 삼촌인 라반이 야곱을 속여 두 딸과 결혼시킨 일이 비슷하니 야곱의 속이는 습관은 외가 쪽 유전자가 아닐까 싶다.

물론, 자녀가 부모 중 한쪽을 더 닮았다고 해서 다른 부모의 성품이 전혀 없는 것은 아니다. 게다가 야곱의 친할아버지 아브라함과 외가 쪽 증조부(리브가의 할아버지) 나홀이 형제였으므로, 야곱의 친가(데라-아브라함-이삭)와 외가(데라-나홀-브두엘-리브가) 모두 데라의 후손이다(창 11:26-29; 24:24). 따라서 친가든 외가든 그 유전적 뿌리는 본질적으로 비슷했을 것이다.

다만, 에서와 야곱의 삶을 살펴보면, 할아버지 아브라함과 아버지 이삭에게서 전해진 여러 성품 중 형제 각자에게 특정한 성향이 서로 다르게 부각되었음을 알 수 있다.

에서는 요즘 말로 하면 상남자다. 그는 사냥을 즐기고 호탕하며 세세한 것에 연연하지 않는 대범한 성격의 사나이였다. 배가 고프면 팥죽 한 그릇에 장자권 정도는 아무렇지 않게 넘겨 버릴 만큼, 즉흥적이고 거침없는 성향을 가진 것이 에서다.

이 집안에 이런 유전자가 있었던가?

에서는 아마도 그의 조부 아브라함이 조카 롯을 구하기 위해 네 명의 왕과 싸우던 모습(창 14장), 그 할아버지의 호전적인 면을 닮았을 것이다.

에서가 400명을 거느리고 동생 야곱을 만나러 가는 모습은 딱 그 할아버지 아브라함이 318명을 이끌고 조카 롯을 구하러 가는 장면과 겹쳐지지 않는가?

또한, 아버지 이삭 역시 창세기 26장 26절에서 그랄의 아비멜렉과 그의 군대 장관들이 자신을 찾아왔을 때, 당당하게 그들의 행동을 따지고 시시비비를 가리려는 모습을 보면, 결코 만만하고 유약한 성품의 소유자는 아니었을 것이다.

그러나 아브라함과 이삭의 이러한 모습은 그들의 전체 삶에서 가장 두드러지는 특징은 아니었다. 오히려 아브라함과 이삭은 기다릴 줄 아는 사람들이었다.

이삭은 아비멜렉과 논쟁을 벌이기 전, 자신이 판 우물을 빼앗으려는 그랄 사람들에게 두 번이나 우물을 양보하며 다툼을 피했다(창 26장). 아브라함도 조카 롯과 갈등이 생겼을 때, "네가 왼쪽으로 가면 나는 오른쪽으로 가고, 네가 오른쪽으로 가면 나는 왼쪽으로 가겠다"라고 말하며, 먼저 양보하고 분쟁을 피했다. 무엇보다 아브라함은 75세에 하나님으로부터 약속을 받은 후, 평생 그 약속의 성취를 기다린 사람이었다.

즉, 아브라함도 이삭도 한순간의 용맹함으로 모든 것을 해결하기보다는 오랜 시간 인내하며 기다릴 줄 아는 성품이 그들의 주된 사람

됨이었다. 그리고 그들의 이러한 성품은 에서보다는 오히려 야곱에게 더 깊이 전해졌다.

　야곱은 자신이 원하는 것을 위해 기다릴 줄 아는 사람이었다. 라헬을 아내로 얻기 위해 7년을 수일같이 여기며 기다렸고, 외삼촌 라반의 속임수로 레아를 아내로 얻은 후에도 라헬을 위해 다시 7년을 참고 견뎠다. 이후에도 야곱은 6년 동안 외삼촌의 불공정한 대우를 버텼다(창 31:40-41). 그는 어려운 상황과 부당한 조건 속에서 뛰쳐나가는 대신 끝까지 견디며 인내했다.

3. 하나님의 약속

　에서와 야곱은 각기 할아버지와 아버지의 성품 중 호전적인 면과 인내하는 면을 물려받았다.

　그렇다면 하나님이 아브라함을 통해 이루고자 하신 일에는 이 둘 중 어떤 성품이 더 적합했을까?

　보통 집안에서 장자권은 아버지의 재산을 많이 물려받고 가문의 이름을 이어 가는 것을 의미한다. 하지만, 아브라함의 가문은 단순히 재산과 이름을 계승하는 것이 아니라 하나님의 약속을 이어받아야 하는 집안이었다.

　아브라함은 하나님과 그분의 약속을 그의 후손들에게 가르치고 전수해야 했으며(창 18:19), 아브라함의 하나님은 이삭의 하나님이 되고,

이삭의 하나님은 그의 아들의 하나님이 되어야 했다.

아브라함의 후손들이 한 민족과 나라를 이루는 동안 이 집안은 조상 아브라함과 하나님 사이의 관계를 대대로 이어 가야 했고, 바로 이 집안에서 세상을 구원할 메시아가 나와야 했다. 이를 위해 아브라함도 이삭도 하나님과 오랜 시간을 함께하며 많은 훈련을 받았다. 그리고 이삭의 아들도 그와 같은 훈련의 과정을 거쳐야 했다.

에서와 야곱, 이 상반된 성품을 가진 두 사람 중 하나님은 누구를 선택하여 훈련하셔야 했을까?

하나님의 약속을 소중히 여기고 시간을 버티며 고통을 견뎌 내고, 고민하며 배우고 갈등 속에서 성장할 수 있는 사람은 누구였을까?

앞서 살펴보았듯, 에서는 호탕한 성격을 지닌 마초 스타일의 남자였다. 그는 팥죽 한 그릇에 장자권을 넘길 정도로 즉흥적이었고, 사냥과 친구들과의 어울림을 즐기며, 요즘 말로 하면 막걸리 한 사발과 육포를 곁들여 인생을 즐길 줄 아는 사람이었다. 그는 일을 시원하게 해치우는 기분파로, 화가 나면 400명을 이끌고 동생을 맞으러 나섰다가도, 선물을 받고 기분이 좋아지면 금세 화를 풀어 버릴 만큼 감정에 솔직했다.

그는 아마 산적의 두목이나 갱단의 행동 대장은 될 수 있었겠지만, 하나님의 계획을 위해 시간을 견디고 역경을 참아 내며 주도면밀하게 자신의 목적을 이루어 나가는 인물로서는 동생 야곱과 비교할 바가 아니었다.

하나님의 입장에서 보면 야곱은 비록 정직하지 않았고 정정당당하지도 않았지만, 하나님의 약속을 후세에 전달해야 하는 아브라함의 자손으로서, 그의 비겁함과 속임수는 에서의 성급함과 무분별함보다는 덜 위험한 요소였다.

게다가 단순한 성품의 차이보다 더 중요한 것은, 에서와 야곱이 원했던 것이 서로 달랐다는 점이다. 이 차이는 하나님께 결정적인 이유가 되었다. 에서는 장자의 축복을 그다지 원하지 않았다.

팥죽 한 그릇을 위해 그것을 가볍게 넘기지 않았던가?

그러나 야곱은 할아버지 아브라함이 하나님께 받은 축복과 약속을 간절히 원했다.

얼마나 간절했으면, 태어날 때부터 형의 발꿈치를 붙잡고 나왔겠는가?

비록 야곱이 하나님의 약속의 의미를 온전히 이해하지 못했고, 자신의 목적을 위해 수단과 방법을 가리지 않은 것은 문제였지만, 그런 문제들은 하나님이 고치실 수 있는 부분이었다. 모든 사람과 갈등하던 야곱을, 하나님과 씨름하는 사람으로 바꾸시면 되는 일이었다.

그러나 하나님을 원하지 않는 사람, 하나님이 주시려는 것을 진심으로 바라지 않는 사람은, 하나님도 바꾸실 수 없었다. 아니, 바꿀 생각이 없으셨다. 하나님은 우리가 스스로 드리지 않는 한 우리의 마음을 받지 않으신다. 억지로 바친 마음은 사랑도, 충성도, 순종도 아니기 때문이다.

4. 야곱과 에서가 원했던 것

사실 야곱과 에서의 문제는 자신들이 원하는 것을 얻지 못한 것이 아니라 자신들이 정말로 원하는 것이 무엇인지 몰랐다는 데 있었다.

에서는 야곱에게 장자권을 팔고 아버지의 축복을 도둑맞았다며 분노해 동생을 죽이려 했지만, 사실 그는 자신이 원했던 장자의 축복을 그대로 물려받았다. 에서가 생각했던 장자의 축복이란 아버지의 재산을 많이 받는 것이었는데, 결국 그는 아버지의 유산을 동생과 나누지 않고 전부 상속받았다.

반면, 아버지와 형을 속여 장자의 축복을 받아낸 야곱의 인생은 그가 예상했던 것과 전혀 다른 방향으로 흘러갔다.

두 사람의 삶을 비교해 보면, 사실 에서의 인생이 야곱보다 훨씬 편안하고 덜 고생스러웠다. 야곱이 20년 동안 외삼촌 라반의 집에서 종처럼 일하며 고생할 때, 에서는 아버지 집에서 편안한 도련님의 삶을 살았다.

또한, 야곱이 고생했다고 해서 에서보다 더 부자가 된 것도 아니었다. 야곱이 두 떼나 되는 재산을 모아 얍복 나루를 건너 돌아왔을 때, 에서는 이미 아버지 이삭에게서 훨씬 더 많은 재산을 상속받아 400명의 부하를 거느릴 정도로 강력한 세력을 이루고 있었다.

더욱이 야곱이 형과 함께 아버지 이삭에게 돌아가지 않고 세겜에 정착하면서, 할아버지 아브라함과 아버지 이삭이 쌓아 온 가문의 재산과 유산은 모두 에서가 물려받게 되었다.

그 결과, 야곱의 후손들은 이집트로 내려가 노예 생활을 하게 되었지만, 에서의 후손들은 가나안에 남아 강력한 에돔 민족을 이루었고, 이스라엘이 출애굽하여 가나안으로 돌아왔을 때는 이미 견고한 국가로 자리 잡은 뒤였다.

비록 다윗과 솔로몬 시대에 이스라엘이 에돔을 복속시켜 다윗이 에돔에 수비대를 두고 온 에돔이 다윗의 종이 되었다(삼하 8:14)고 기록되었지만, 여호람왕 때 에돔은 유다의 통치에서 벗어나 독립하였다(왕하 8:20).

북이스라엘이 기원전 722년에 멸망하고 남유다가 기원전 586년에 멸망했을 때도, 에돔은 여전히 살아남아 오히려 멸망하는 유다를 조롱하고 약탈했다. 그때, 멸망하는 유다를 비웃고 약탈한 에돔에 대한 분노로 쓰인 책이 바로 선지서 오바댜서이다.

이 역사는 무엇을 말해 주는가?

야곱이 형과 아버지를 속여 장자의 축복을 받았다고 해도 그 축복은 에서와 야곱이 생각했던 단순한 물질적 축복이 아니었다. 야곱이 받은 축복은 만민과 열국에 복이 되는 축복이었다. 즉, 땅의 모든 민족이 아브라함과 그의 자손을 통해 복을 받는, 축복의 통로가 되는 축복이었다.

그 축복 덕분에, 야곱의 아들 중 하나인 요셉을 통해 고대 근동에서 7년 대기근 동안 많은 생명이 구원받았고, 더 나아가 다윗왕과 결국 예수 그리스도가 그의 후손으로 태어나게 되었다.

만약 에서가 조부 아브라함에게 하나님이 주신 축복이 이런 것이었다는 것을 알았다면, 그래도 에서는 그 축복을 원했을까? 그리고 그 복을 빼앗은 야곱을 죽이려고 했을까? 만약 에서에게 이렇게 묻는다면, 에서는 어떻게 대답했을까?

> 네가 할아버지 아브라함과 아버지 이삭의 축복을 받으면,
> 너는 평생 나그네의 험난한 인생을 살아야 하고,
> 네 자손은 이집트에서 노예 생활을 하며,
> 결국 네 후손의 나라는 하나님과 씨름하다가 멸망할 것이다.
> 하지만, 그 후손 중에서 몇 천 년 후에 세상을 구원할 메시아가 나올 것이다.
> 그래도 너는 이 축복을 받겠느냐?

아마 에서가 이 축복의 진정한 의미를 알았다면, 그는 축복을 원하지도, 그것을 야곱에게 빼앗겼다고 슬퍼하거나 분노하지도 않았을 것이다. 에서에게는 지금 당장의 복, 즉 현실이 중요했다.

그는 "내가 지금 당장 죽게 생겼는데, (먼 미래에 받을) 장자의 명분이 무슨 유익이 되겠느냐"(창 25:32)라고 했던 사람이다. 이 말을 했을 때, 에서는 자신의 성품이나 자질이 그 복을 이어 가기에 적합하지 않다는 것을 보여 주었을 뿐만 아니라, 그 복을 원하지 않았음을 증명했다.

에서는 당장의 필요와 이 세상에서 받는 복이 하나님이 약속하신 먼 미래의 복보다 더 소중했다. 이는 이 세상과 하나님 사이에서, 이 세상의 것과 하나님이 주시는 것 사이에서 선택해야 할 때, 에서는 언제나 이 세상의 것을 더 원하고 그것을 선택할 사람이었음을 뜻했다. 이것은 하나님을 가장 소중히 여기고, 하나님의 약속을 자자손손 이어 가야 할 약속의 상속자로서 결정적인 결함이었다.

성경에서 하나님이 "내가 야곱은 사랑하고 에서는 미워하였다"(말 1:2-3; 롬 9:13)라고 하신 것은, 하나님이 에서를 미워하여 그가 원하는 것을 주지 않고 고생만 시키셨으며, 야곱을 편애하여 그가 원하는 축복을 주셨다는 뜻이 아니다. 오히려 하나님은 에서와 야곱 모두에게 그들이 원하는 것을 주셨다. 에서는 이 세상의 부와 권세를 원했고, 그것을 얻었다. 야곱은 하나님의 축복을 원했고, 그것을 받았다.

하나님이 아브라함에게 약속하신 축복은 온 인류의 운명을 바꾸는 축복이었다. 그러나 그 축복은 쉽게 얻을 수도, 눈에 확연히 보이는 것도 아니었다. 그 약속을 이루기 위해 아브라함은 평생을 사막에서 나그네로 살며, 하나님이 예비하신 많은 훈련과 시험을 통과해야 했고, 하나뿐인 적자를 바치라는 시험까지 견뎠다.

그의 자손들도 그 약속을 이어 가는 하나님의 백성이 되기 위해 역사 속에서 많은 고난을 겪으며 하나님과 씨름해야 했다. 이것은 분명히 에서가 원하는 삶이 아니었다.

에서가 야곱에게 팥죽 한 그릇에 장자의 명분을 팔았을 때, 성경이 "에서가 장자의 명분을 가볍게 여겼더라"(창 25:34)라고 기록한 것은,

그가 단순히 실수를 저질렀다는 것이 아니라 그의 마음 중심에 하나님이 주시려는 축복에 대한 관심이 없었다는 뜻이다.

만약 정성껏 준비한 선물을 사랑하는 사람에게 주었는데, 그 사람이 선물을 거들떠보지도 않고 던져 버린다면, 우리는 어떤 기분이 들겠는가. 사랑하고 기대한 만큼 그 실망은 더 클 것이다.

에서는 복의 근원이 되어 온 민족에게 축복을 끼치는 삶보다는, 당장의 필요와 풍성한 재물과 많은 친구와 부하들을 원했다. 그래서 하나님은 당신이 아브라함을 통해 계획하신 복을, 그것을 원하지 않는 에서 대신 간절히 원하는 야곱에게 주기로 하셨다. 이것이 바로 "내가 야곱을 사랑하고 에서는 미워하였다"라는 구절의 의미이다.

물론, 야곱도 그 집안에 내려오는 장자의 축복과 할아버지 아브라함과 아버지 이삭을 통해 내려오는 약속의 의미를 처음부터 온전히 이해하지는 못했다. 그 가문을 통해 세상을 구할 구세주가 오며, 그 구세주의 사역이 희생과 관련 있다는 것은, 아브라함도 하나님께서 아들 이삭을 희생하라고 명령하셨을 때 비로소 깨달을 수 있었던 진리였다(창 22:18; 갈 3:16; 요 8:56; 히 11:19).

야곱 역시, 자신이 태어나며 형의 발목을 붙잡고 배고픈 형에게 팥죽을 주고 장자권을 사며, 어머니 리브가와 공모해 아버지와 형을 속이고 얻은 그 축복이 무엇을 의미하는지 몰랐을 것이다. 그 축복이 자신을 평생 나그네로 살게 할 것이며, 그 후손들이 그 복을 받을 만한 합당한 백성이 되기 위해 하나님과 씨름해야 하는 복이라는 것을 말이다.

하지만, 만약 알았다면 어땠을까?

앞에서 에서에게 했던 질문을 야곱에게도 그대로 한다면, 야곱은 무엇이라고 대답했을까?

> 네가 할아버지 아브라함과 아버지 이삭의 축복을 받으면,
> 너는 평생 나그네의 험난한 인생을 살아야 하고,
> 네 자손은 이집트에서 노예 생활을 하며,
> 결국 네 후손의 나라는 하나님과 씨름하다가 멸망할 것이다.
> 하지만, 그 후손 중에서 몇 천 년 후에 세상을 구원할 메시아가 나올 것이다.
> 그래도 너는 이 축복을 받겠느냐?

처음에는 놀라겠지만, 우리가 아는 야곱은 그래도 그 복을 원한다고 대답했을 것이다. 그는 자기가 원하는 것을 위해 어머니의 태중에서부터 다투었고, 사막 길도 마다하지 않았으며, 외삼촌 라반의 집에서 낮에는 더위를 무릅쓰고, 밤에는 추위를 당하며, 눈 붙일 겨를도 없이 20년을 견뎠다. 또한, 환도뼈가 부러지도록 천사와 씨름하면서도 하나님이 주시는 복을 포기하지 않은 사람이기 때문이다.

비록 그 복의 내용을 충분히 이해하지 못했더라도, 야곱은 하나님이 주시는 복의 소중함을 알았고, 평생 그것을 원했으며, 어떤 상황이나 환경도 하나님이 주시는 복을 향한 야곱의 갈망을 꺾지 못했다.

야곱은 그의 성품 때문이 아니라 하나님이 약속하신 그 복을 간절히 원한 마음 때문에 그 복을 받을 만한 사람이었다. 하나님이 야곱을 사랑하셨다는 말은 바로 이 하나님이 주실 복을 소중히 여기는 야곱에 대한 응답이셨다.

"내가 야곱을 사랑하고 에서를 미워하였다"라는 말은 "나는 내가 계획한 복을 진실로 원하는 야곱을 택하였고, 그 복에 전혀 관심이 없는 에서는 택하지 않았다"라는 말과 다르지 않다. 우리는 종종 하나님이 누구를 사랑하고 누구를 미워하시는가를 도덕적이고 착한 사람과 비도덕적이고 악한 사람을 기준으로 생각하지만, 하나님의 기준은 오직 누가 더 하나님을 원하는가에 있다.[1]

처음 사람을 창조하실 때부터 하나님이 원하셨던 것은 도덕적으로 완성된 성인군자가 아니라, 하나님과 친밀한 관계를 맺을 수 있는 하나님의 동역자요, 친구요, 자녀였다. 그래서 성경은 윤리와 철학에 대한 책이 아니라 관계와 사랑에 대한 글이다.

바로 그 이유로 성경에는 질투하시는 하나님에 대한 묘사가 넘쳐난다. 서로에게 온 마음을 다하는 관계를 원하면서도 상대의 마음이 나뉘었을 때 질투하지 않는다면, 그것은 참된 사랑이라 할 수 없다.

---

[1] 말라기의 "내가 야곱을 사랑하고 에서를 미워하였다"라는 구절을 인용하며, 바울은 로마서 9장 16절에서 하나님의 긍휼이 "원하는 자로 말미암음이 아니요"라고 말했다. 여기서 "원한다"라는 뜻의 헬라어 텔론토스(*thelontos*)는 감정적인 사모함보다는, 스스로 무엇을 이루려는 결심이나 의지를 의미한다. 바울은 이 단어를 '달음질하는 자'를 뜻하는 트레콘토스(*trechontos*)와 함께 사용하여, 구원이 인간의 결심이나 노력에 달린 것이 아니라 하나님의 긍휼에 달려 있다는 점을 강조했다. 따라서 이는 하나님과 그분의 축복을 향한 간절한 사모함의 중요성을 부정하는 것이 아니다.

이스라엘이 다른 신들을 섬길 때 하나님이 질투하셨다는 것은, 하나님께서 전심으로 이스라엘에게 집중하셨다는 또 다른 표현이다.

5. 야곱의 삶에 개입하시는 하나님

흔히 사람들이 '하나님은 왜 야곱을 사랑하셨는가'라고 물을 때, 그 저변에는 '하나님은 왜 야곱처럼 도덕적으로 흠이 많은 사람을 사랑하셨는가'라는 의문이 깔려 있다. 그러나 성경에서 하나님이 사람을 보시는 기준은 도덕성이 아니다.

도덕성의 기준은 세상의 인과응보적 사고방식과 연결된다. 즉, '도덕적으로 잘 살면 존경도 받고 신에게 사랑받아 복도 받고, 그렇지 못하면 벌을 받는다'라는 관점이다. 하지만, 성경의 핵심은 도덕적 완성이 아니라 하나님과의 관계다.

누군가 하나님을 간절히 원하면 하나님은 그 사람이 도덕적인 사람이 아니더라도 그를 변화시키실 수 있다. 아니, 그 사람이 비록 여전히 불완전한 상태일지라도, 그의 삶을 통해 그 자신뿐만 아니라 주위 사람들까지 복을 받게 하실 수 있다.

반대로, 아무리 도덕적이고 성자 같은 삶을 살더라도 그가 하나님을 원하지 않는다면, 하나님은 그 사람의 삶에 개입하지 않으신다. 하나님은 환경과 성품, 운명을 바꾸실 수 있지만, 사람의 마음은 억지로 바꾸시지 않기 때문이다.

창조주 하나님에게 한 사람의 인생과 운명을 바꾸는 것은 어려운 일이 아니다. 그 사람의 도덕성이나 능력, 자질, 성품에 상관없이 하나님은 원하시는 방향으로 한 사람의 삶을 이끌어 가실 수 있다. 그러나 하나님은 사람의 마음을 조작하지 않으신다. 즉, 어떤 사람이 하나님을 원하지 않을 때, 하나님은 그의 마음을 억지로 바꾸어 그를 하나님을 원하는 사람으로 만들지 않으신다.

하나님이 사람을 처음 하나님의 형상대로 만드셨다는 것은, 사람이 하나님처럼 자유롭게 결정하고 선택할 수 있는 존재로 창조되었다는 뜻이다. 비록 그 선택이 잘못된 것일지라도, 하나님은 사람의 마음과 생각, 결정을 존중하신다. 아담과 하와가 하나님을 거역할 수 있었던 것도 하나님이 그들에게 선택할 자유를 주셨기 때문이다.

만약 하나님이 사람들의 생각과 마음을 억지로 바꾸셨다면, 세상에 나쁜 사람은 하나도 없고, 모두가 하나님을 원하고 사랑하는 사람들로 프로그램되었을 것이다. 하지만, 하나님은 사람을 그런 식으로 기계처럼 조정하지 않으셨다. 하나님은 사람을 당신의 형상을 닮은 자녀로 만드셨고, 그들과 사랑하기를 원하셨다.

우리가 사랑하는 상대방의 마음을 초능력이나 최면술로 우리를 사랑하게 만들 수 있다고 해서, 그것이 진정한 사랑일까?

사랑은 내가 진정으로 상대방을 원하듯, 상대방도 나를 진심으로 원해야만 이루어진다. 그렇기에 하나님이 우리가 가진 것 중에서 절대 손대지 않으시는 것, 우리가 스스로 드리지 않으면 절대 받으시지 않는 것이 바로 우리의 마음이다.

비록 야곱이 비도덕적이고 남을 속이고 빼앗는 사람이었지만, 그는 온 마음으로 하나님을 원했다. 하나님이 주기로 약속하신 그 축복을 원했다. 그 마음은 세상과 하나님 사이에서 하나님을 선택하는 마음이며, 모든 것이 잘되지 않을 때도 하나님이 주실 복을 바라고 믿는 마음이다. 설사 이 삶에서 그 복이 성취되지 않더라도 여전히 믿고 기다리는 마음이다.

그리고 그것이 바로 그의 조부 아브라함이 가진 마음이 아니었던가? 아브라함은 하나님의 약속 한마디에 고향과 친척과 아비 집을 떠났고, 자식 하나 없는 상황에서도 "별처럼 많은 자손을 주겠다"(창 15:6)라는 말씀을 믿었으며, 또한 모든 희망이 꺼져 가는 순간, 하나뿐인 약속의 아들 이삭을 바쳐야 할 때도, 여전히 하나님을 선택하고 그분의 약속을 믿었다.

야곱의 인생을 보면, 하나님께서 자신을 선택한 사람의 삶에 얼마나 진심으로 개입하시는지 알 수 있다. 하나님은 야곱이 아직 어머니 뱃속에 있을 때부터, 그가 하나님의 축복을 원하고 있음을 보셨다.

쌍둥이 둘째가 왜 첫째와 태중에서부터 싸웠겠는가?

먼저 나가 하나님이 조상들에게 약속하신 복을 받으려 했기 때문이다. 그래서 하나님을 소중히 여기는 그를 하나님도 사랑하셨다.

그러나 하나님은 야곱이 쌍둥이의 첫째로 태어나 아무 갈등 없이 장자권을 받도록 하지 않으셨다. 오히려 그를 둘째로 태어나게 하셔서 복을 놓친 것처럼 보이게 하셨다. 하지만, 어머니 리브가에게 예언을 주어 그녀를 통해 그 결정이 뒤집어지게 하셨고, 그 결과 야곱은 평안한 부잣집 도련님의 삶에서 광야로 내던져졌다.

그러나 야곱이 인생의 가장 밑바닥에서 절망에 빠졌을 때, 하나님은 그곳에서 그를 기다리고 계셨다. 단순히 야곱을 방문하신 것이 아니라 하나님의 집인 '벧엘'을 통째로 옮겨 와 그를 만나 주셨다. 거기서 하나님은 야곱에게 약속을 주셨고, 그의 서원을 받으셨다. 그리고 약속하신 대로 야곱의 삶 내내 그를 감찰하시고, 찾아오시고, 씨름하시고, 훈련시키셨다.

그리하여 태어날 때 자기가 원하던 것을 가지지 못했기 때문에 남의 발목을 잡는 사람으로 평생 갈등하고, 갈망하고, 노력해야 했던 야곱은, 결국 그의 모든 고난과 수고를 감찰하시는 하나님을 알게 되었으며(창 31:42), 세상이 아닌 하나님과 씨름하는 자라는 뜻의 "이스라엘"이라는 이름을 받았다(창 32:28).

그뿐만 아니라, 하나님과 함께한 오랜 나그네 삶을 겸손하면서도 자랑스러워할 수 있었고(창 47:9), 그의 후손들에게 자신이 믿었던 조상의 하나님을 물려줄 수 있었다(창 48:15-16).

> 우리 아버지의 하나님, 아브라함의 하나님, 곧 이삭의 경외하는 이가 나와 함께 계시지 아니하셨더면 외삼촌께서 이제 나를 공수로 돌려 보내셨으리이다마는 하나님이 나의 고난과 내 손의 수고를 감찰하시고 어제밤에 외삼촌을 책망하셨나이다 (창 31:42).

그가 이르되 네 이름을 다시는 야곱이라 부를 것이 아니요 이스라엘이라 부를 것이니 이는 네가 하나님과 및 사람들과 겨루어 이겼음이니라(창 32:28).

야곱이 바로에게 아뢰되 내 나그네 길의 세월이 백삼십 년이니이다 내 나이가 얼마 못 되니 우리 조상의 나그네 길의 연조에 미치지 못하나 험악한 세월을 보내었나이다(창 47:9).

그가 요셉을 위하여 축복하여 이르되 내 조부 아브라함과 아버지 이삭이 섬기던 하나님, 나의 출생으로부터 지금까지 나를 기르신 하나님, 나를 모든 환난에서 건지신 여호와의 사자께서 이 아이들에게 복을 주시오며 이들로 내 이름과 내 조상 아브라함과 이삭의 이름으로 칭하게 하시오며 이들이 세상에서 번식되게 하시기를 원하나이다(창 48:15-16).

이 얼마나 영광스럽고 의미 있으며 거룩한 삶인가?

실수가 많고 결함투성이였으며, 사람을 속이고 빼앗기까지 했던 야곱이 이처럼 위대한 인생을 살게 된 이유는 단 하나였다. 그는 하나님을, 그리고 그분의 축복을 간절히 원했다. 그리고 하나님은 그 간절함에 응답하셨다. 야곱이 하나님을 간절히 찾았기에 하나님도 그의 하나님이 되어 주셨고, 그의 인생을 친히 이끌어 가셨다.

그래서 히브리서는 믿음에 대해 이야기할 때, 하나님이 기뻐하시는 자와 하나님의 선물(축복)을 연결시켜 말한다.

> 믿음이 없이는 하나님을 기쁘시게 하지 못하나니 하나님께 나아가는 자는 반드시 그가 계신 것과 또한 그가 자기를 찾는 자들에게 상 주시는 이심을 믿어야 할지니라 (히 11:6).

많은 사람이 '나는 누구인가'라는 정체성의 문제를 고민한다. 그러나 정체성 질문의 핵심은 '나는 무엇을 원하는가'라는 질문과 연결되어 있다. 이는 결국, 인생의 선택의 순간들에 '나는 어떤 결정을 하는 사람인가'로 이어진다.

모든 사람은 무엇인가를 원한다. 그러나 세상은 하나님이 주시고자 하는 '상', 즉 그분의 축복을 원하는 사람과 자기가 원하는 '상', 즉 자신의 욕망을 추구하는 사람으로 나뉜다.

비록 이 둘 모두 하나님께 기도한다고 해도 그 차이는 결정적이다. 자기가 원하는 것을 스스로 정하고 그것을 위해 하나님께 기도하는 사람은, 하나님이 주시고자 하는 축복이 자기가 원하는 것과 다를 때 하나님을 선택하지 않는다. 그러나 하나님의 축복이 가장 중요하다는 것을 알고, 그것이 자신의 생각과 다를지라도 여전히 하나님과 그분이 주시는 것을 구하는 사람이 있다. 성경은 이런 사람을 하나님을 기쁘시게 하는 자, 믿음이 있는 자라고 말하는 것이다.

야곱의 삶을 통해 성경이 전하는 메시지는 분명하다. 하나님은 고귀한 인품을 가진 성자를 원하시는 것이 아니다. 하나님은 부지런하고 능력 있는 사람을 원하시는 것도 아니다. 하나님은 오직 하나님을 간절히 원하는 사람, 세상보다 하나님을 선택하고, 이 세상이 주는 것보다 하나님이 주시는 것을 소중히 여기는 사람을 원하시며, 그 사람의 삶에 개입하신다.

그리고 하나님을 그렇게 원하지만, 인생이 뜻대로 풀리지 않고, 스스로에게 실망하며, 삶의 의미를 찾는 데 애쓰는 사람들에게 하나님은 이렇게 말씀하실 것 같다.

> 네가 생각하는 그런 축복이 지금 네 인생에서 보이지 않느냐?
> 그러나 그런데도 너는 여전히 나를 원하느냐?
> 내가 너에게 줄 것이 네가 원하는 것과 다를지라도,
> 너는 여전히 나의 축복을 원하겠느냐?
> 설사 네 삶에서 그 약속의 성취가 이루어지지 않으며,
> 네 삶이 네가 기대한 것과 반대로 흘러간다고 해도,
> 너는 나의 약속이 성취될 것을 믿겠느냐?
>
> 그러면 되었다.
> 네가 누구든지, 어떤 성품을 가졌든지, 어떤 실수를 했든지,
> 지금 네 인생이 누구보다 더 어려운 밑바닥에 있더라도,
> 그 마음만 변하지 않는다면,
> 나는 너를 위대한 약속의 조상으로 만들 것이다.
> 너와 네 자손들의 삶에 개입하여,
> 너희를 통해 세상의 모든 사람이 복을 받게 할 것이다.

주의 종이 내 아버지에게 아이를 담보하기를 내가 이를 아버지께로 데리고 돌아오지 아니하면 영영히 아버지께 죄짐을 지리이다 하였사오니 이제 주의 종으로 그 아이를 대신하여 머물러 있어 내 주의 종이 되게 하시고 그 아이는 그의 형제들과 함께 올려 보내소서 그 아이가 나와 함께 가지 아니하면 내가 어찌 내 아버지에게로 올라갈 수 있으리이까 두렵건대 재해가 내 아버지에게 미침을 보리이다(창 44:32-34).

제2장

하나님은 왜 유다를 선택하셨는가?

희생하시는 하나님
창세기 38장: 유다 이야기

1. 요셉과 유다

창세기는 총 50장으로 이루어져 있으며 크게 두 부분(창세기 1-11장과 창세기 12-50장)으로 나눌 수 있다.

창세기 1-11장은 모든 인류의 기원에 대한 원역사고, 창세기 12-50장은 아브라함 가문의 족장사다. 족장사에는 네 명의 주요 인물이 등장하는데, 아브라함(창 12-25장), 이삭(창 26장), 야곱(창 27-35장), 요셉(창 37-50장)이 그들이다.

그런데 이스라엘이 조상들의 하나님을 고백할 때, "아브라함의 하나님, 이삭의 하나님, 야곱의 하나님"이라고 말하지만, 그다음 세대인 요셉까지 포함하여 "요셉의 하나님"이라고 부르는 경우는 거의 없다. 이는 아브라함-이삭-야곱의 3대에서는 하나님의 약속을 계승할 상속자가 분명하지만, 야곱의 아들들의 세대(4대)에서는 누가 그 상속자인지 명확하지 않기 때문이다.

책의 분량이나 창세기 마지막 부분의 주인공이 요셉이라는 점을 고려하면, 자연스럽게 제4대 족장은 요셉이어야 할 것처럼 보인다. 그러나 아이러니하게도 하나님의 언약의 계보는 요셉이 아니라 야곱의 넷째 아들 유다를 통해 이어졌다.

유다의 후손에서 이스라엘의 가장 위대한 왕 다윗이 태어났으며, 유대인들은 다윗 가문에서 세상을 구할 메시아가 등장할 것이라고 믿었다. 기독교인들 역시 "아브라함과 다윗의 자손 예수 그리스도의 계보"(마 1:1)를 통해 하나님의 거룩한 약속이 유다 가문을 통해 이루어졌음을 고백한다.

　하나님은 요셉을 통해 고대 중동 지방의 7년 대기근에서 수많은 사람의 생명을 구하셨고, 이스라엘 백성이 애굽으로 내려가는 결정적인 계기를 만드셨다. 그런데도 하나님은 요셉의 후손이 아니라 유다의 후손을 통해 언약을 이어 가셨다.

　왜 다윗은 요셉의 집안이 아닌 유다의 집안에서 태어났는가?

　왜 메시아는 요셉이 아니라 유다의 혈통에서 오셨는가?

　이 질문을 이해하려면, 창세기 38장에 등장하는 유다의 이야기를 올바르게 해석할 필요가 있다.

　창세기 37-50장의 주인공은 요셉이다. 그런데 이상하게도, 요셉의 이야기가 창세기 37장에서 시작되자마자, 38장에서는 갑자기 요셉이 사라지고 유다와 그의 아들들 그리고 유다의 며느리 다말의 이야기가 등장하며, 그 이후에 39장에서야 다시 요셉 이야기로 돌아간다.

　이처럼 요셉 이야기 한가운데 유다 이야기가 끼어 있는 것에 대해, 어떤 학자들은 창세기 38장이 원래부터 존재하던 요셉 이야기(창 37-50)의 일부가 아니라 후대에 삽입된 것이라고 추측하기도 했다. 그러나 창세기 38장은 요셉 이야기 전체에서 매우 중요한 역할을 한다. 또한, 하나님께서 요셉이 아니라 유다를 선택하신 이유에 대한 단서를 제공할 뿐만 아니라 성경 전체의 주제와도 연결된다.

요셉과 유다의 아버지 야곱(이스라엘)은 네 명의 여자에게서 열두 명의 아들을 두었다. 첫째 아내 레아에게서 르우벤, 시므온, 레위, 유다, 잇사갈, 스불론이 태어났고, 둘째 아내 라헬에게서 요셉과 베냐민이 태어났다. 또한, 레아의 시종 실바를 통해 갓과 아셀이, 라헬의 시종 빌하를 통해 단과 납달리가 태어났다.

문제는 이 네 명의 여자 중 야곱이 진실로 사랑했던 여자는 라헬 한 명뿐이었다는 점이다. 이로 인해 야곱은 라헬이 낳은 요셉과 베냐민을 특별히 아꼈으며, 당시 문화를 거스르며 열한 번째 아들인 요셉을 형들보다 노골적으로 편애했다.

창세기 37장은 야곱이 요셉을 얼마나 특별하게 사랑했는지를 보여 준다. 그는 요셉에게만 채색옷을 입혔고, 요셉은 형제들과 부모가 자신에게 절하는 꿈을 거리낌 없이 이야기했다. 이는 원래부터 불만이 많던 형들을 더욱 분노하게 만들었고, 결국 형들은 요셉을 죽이려다 대신 이집트에 노예로 팔아 넘겼다. 형들은 요셉의 옷에 염소 피를 묻혀 아버지 야곱에게 가져갔고, 야곱은 아들이 맹수에게 찢겨 죽었다고 믿으며 깊은 슬픔에 빠졌다. 37장은 다음과 같이 끝맺는다.

> 그들이 요셉의 옷을 가져다가 숫염소를 죽여 그 옷을 피에 적시고 그의 채색옷을 보내어 그의 아버지에게로 가지고 가서 이르기를 우리가 이것을 발견하였으니 아버지 아들의 옷인가 보소서 하매 아버지가 그것을 알아보고 이르되 내 아들의 옷이라 악한 짐승이 그를 잡아 먹었도다 요셉이 분명히 찢겼도다 하고 자기 옷을 찢고 굵은 베로 허리를 묶고 오래도록 그의 아들을 위하여 애통하니 그의 모든 자녀

가 위로하되 그가 그 위로를 받지 아니하여 이르되 내가 슬퍼하며 스올로 내려가 아들에게로 가리라 하고 그의 아버지가 그를 위하여 울었더라 그 미디안 사람들은 그를 애굽에서 바로의 신하 친위대장 보디발에게 팔았더라(창 37:31-36).

이후 이야기는 자연스럽게 이집트로 팔려간 요셉이 보디발의 집에서 어떤 삶을 살았는가로 이어져야 하지만, 38장에서는 갑자기 요셉 대신 유다의 이야기가 등장한다. 38장 전체에서 유다의 가족사에 대한 이야기가 나오고, 그 후 39장에서 다시 요셉의 이집트 이야기로 돌아가기 때문에 38장은 요셉 이야기의 흐름을 끊어놓는 것처럼 보인다(이 때문에 후대 삽입설이 있었다).

창세기 38장은 "그 후에"라는 말로 시작된다.

그 후에 유다가 자기 형제들로부터 떠나 내려가서 아둘람 사람 히라와 가까이 하니라(창 38:1).

여기서 "그 후에"란, 형제들이 요셉을 노예로 팔고, 아버지 야곱에게 거짓말을 한 후, 야곱이 요셉을 잃고 오랫동안 슬퍼하며 나머지 자녀들의 위로를 거부했던 시점을 의미한다. 성경은 유다가 왜 집을 떠나 타지방으로 갔는지 명확히 설명하지 않지만, 그 배경을 추측해 볼 수 있다.

나쁜 일을 여러 명이 공모하면 그것이 잘못되었을 때 공모자들 사이에 책임을 전가하려는 갈등이 생기기 마련이다. 후에 요셉의 형제들이 이집트로 음식을 사러 갔다가 곤경에 처했을 때, 그들은 요셉이 팔려갈 때 애걸하며 괴로워하던 모습을 떠올리며 서로를 비난했다.

> 그들이 서로 말하되 우리가 아우의 일로 말미암아 범죄하였도다 그가 우리에게 애걸할 때에 그 마음의 괴로움을 보고도 듣지 아니하였으므로 이 괴로움이 우리에게 임하도다 르우벤이 그들에게 대답하여 이르되 내가 너희에게 그 아이에 대하여 죄를 짓지 말라고 하지 아니하였더냐 그래도 너희가 듣지 아니하였느니라 그러므로 그의 핏값을 치르게 되었도다 하니(창 42:21-22).

이는 요셉을 팔아 넘긴 사건이 형제들의 마음속에 불신과 상처로 남아 있었음을 시사한다. 야곱은 네 명의 아내 중 오직 라헬과 그녀의 아들들만 사랑했고, 요셉은 편애받으며 철없이 자랐다. 그리고 나머지 형제들은 그 편애로 인해 동생을 팔아 넘겼고, 서로에게 책임을 떠넘기며 비난하고 있었다. 신뢰와 사랑이 사라지고, 반목과 비난, 슬픔과 후회, 상처만 남은 가정이었다. 유다는 그 가정에서 도망치고 싶었을 것이다. 그래서 "그 후에" 그는 집을 떠나 타지로 이사하게 된다.

2. 유다 이야기

창세기 38장의 유다 이야기는 다소 기이하게 보인다. 요셉을 판 후, 유다는 형제들과 떨어져 가나안 땅으로 이주했고, 그곳에서 가나안 여인과 결혼하여 세 아들, 엘과 오난과 셀라를 두었다.

세월이 흘러 장자인 엘은 다말과 결혼했으나 자식을 갖지 못한 채 일찍 세상을 떠났다. 당시의 관습에 따라 유다는 둘째 아들 오난이 형수 다말과 결혼하여 형의 가문을 이어 가도록 하였으나, 오난 역시 다말에게 자식을 남기지 못한 채 죽고 말았다.

이제 유다는 막내 아들 셀라를 다말과 결혼시켜야 했지만, 두 아들을 잃은 상황에서 셀라마저 잃을까 두려워하며 다말을 친정으로 보내고 셀라가 자라면 다시 부르겠다고 약속했다.

그러나 시간이 지나도 유다는 다말을 부르지 않았고, 다말은 그가 약속을 지킬 생각이 없다는 것을 깨달았다. 이에 다말은 변장하고 유다가 지나가는 길목에서 창녀로 가장했으며, 유다는 그녀를 알아보지 못한 채 관계를 맺었다. 얼마 후 다말이 임신했다는 소식이 전해지자, 유다는 그녀가 부정을 저질렀다며 처형을 명했다.

그러나 다말은 유다와 관계를 맺을 당시 그에게서 받아 둔 도장과 지팡이를 내보이며, 그 물건의 주인이 바로 아이의 아버지라고 밝혔다. 이를 본 유다는 자신이 오히려 잘못했음을 깨닫고, 다말이 자신보다 더 의로운 사람이라고 인정했다. 결국, 다말은 유다의 아이인 쌍둥이를 낳았으며, 그중 한 명 베레스가 훗날 다윗의 조상이 된다.

유다가 그것들을 알아보고 이르되 그는 나보다 옳도다 내가 그를 내 아들 셀라에게 주지 아니하였음이로다 하고 다시는 그를 가까이 하지 아니하였더라 해산할 때에 보니 쌍태라 해산할 때에 손이 나오는지라 산파가 이르되 이는 먼저 나온 자라 하고 홍색 실을 가져다가 그 손에 매었더니 그 손을 도로 들이며 그의 아우가 나오는지라 산파가 이르되 네가 어찌하여 터뜨리고 나오느냐 하였으므로 그 이름을 베레스라 불렀고 그의 형 곧 손에 홍색 실 있는 자가 뒤에 나오니 그의 이름을 세라라 불렀더라(창 38:26-30).

결말로만 따진다면, 창세기 38장은 이스라엘의 가장 위대한 왕인 다윗의 조상을 설명하는 룻기의 마지막 구절들과 연결된다. 룻기의 마지막 구절은 다윗의 아버지 이새의 조상인 오벳과 보아스의 가계도를 보여 주며, 그 기원이 베레스에서 시작됨을 밝히고 있다. 다시 말해, 룻기는 베레스부터 시작하는 다윗의 가계도를 제시하고, 창세기 38장은 그 베레스가 어떻게 태어났는지, 그의 아버지 유다의 이야기를 통해 설명한다.

나오미가 아기를 받아 품에 품고 그의 양육자가 되니 그의 이웃 여인들이 그에게 이름을 지어 주되 나오미에게 아들이 태어났다 하여 그의 이름을 오벳이라 하였는데 그는 다윗의 아버지인 이새의 아버지였더라 베레스의 계보는 이러하니라 베레스는 헤스론을 낳고 헤스론은 람을 낳고 람은 암미나답을 낳았고 암미나답은 나손을 낳았고 나손은 살몬을 낳았고 살몬은 보아스를 낳았고 보아스는 오벳을 낳았고 오벳은 이새를 낳고 이새는 다윗을 낳았더라(룻 4:16-22).

룻기 4장 18-22절에 나오는 베레스부터 시작되는 다윗의 족보는, 마태복음 1장 3-6절에서 베레스의 어머니인 다말의 이름까지 언급되며 예수님의 족보에도 기록된다. 그러므로 다윗왕을 중요하게 여기는 유대인들에게도, 예수 그리스도를 중요하게 여기는 기독교인들에게도, 창세기 38장의 유다와 베레스 이야기는 다윗 왕가와 예수님의 조상에 관한 역사적 설명으로 중요한 의미를 지닌다.

그러나 사실 창세기 38장이 요셉 이야기의 도입부에 자연스러운 흐름을 끊고 등장하는 이유는, 단순히 먼 미래의 족보를 설명하는 데에 그치지 않고 요셉 이야기 전체에서 매우 중요한 의미를 가지고 있기 때문이다.

3. 아들 유다

앞서 언급했듯이, 요셉의 이야기는 창세기 37장에서 그가 이집트로 팔려 간 이후 잠시 멈추었다가, 창세기 38장에서 유다의 이야기가 등장한 후, 창세기 39장에서 다시 요셉의 이집트 생활로 이어진다.

> 요셉이 이끌려 애굽에 내려가매 바로의 신하 친위대장 애굽 사람 보디발이 그를 그리로 데려간 이스마엘 사람의 손에서 요셉을 사니라 여호와께서 요셉과 함께 하시므로 그가 형통한 자가 되어 그의 주인 애굽 사람의 집에 있으니(창 39:1-2).

이집트에 노예로 팔려간 요셉은 시위 대장 보디발의 집에서 종이 되지만, 하나님이 함께하심으로 인해 보디발의 가정 총무로 진급한다. 그러나 이후 그를 유혹하는 보디발의 아내의 청을 거절했다가 누명을 쓰고 감옥에 갇히게 되고, 감옥에서 왕의 신하들의 꿈을 해석해 준 것을 계기로 결국 이집트의 왕 바로의 꿈을 해몽하는 자리까지 올라가게 된다. 그리하여 노예로 팔려 간 지 13년 만인 서른 살에 요셉이 이집트의 총리 자리에 오르는 극적인 드라마가 펼쳐진다.

요셉이 총리가 되고 얼마 지나지 않아, 바로의 꿈대로 이집트와 그 인근 지역에 7년의 풍년과 7년의 흉년이 찾아왔다. 가나안 지역에도 흉년이 들었고, 야곱의 열 아들들은 식량을 구하러 이집트로 가게 된다. 이때쯤, 창세기 38장에서 형제들과 따로 나가 살았던 유다도 다시 아버지 집으로 돌아와 있었다.

이집트에서 요셉과 형제들은 재회했지만, 요셉이 형들을 알아본 반면, 형들은 이집트 총리가 된 요셉을 알아보지 못했다. 친동생 베냐민이 형들 사이에 없음을 안 요셉은 형들을 첩자로 몰아 둘째 형 시므온을 볼모로 잡고 나머지 형제들을 풀어 주며, 베냐민을 데려와야만 다시 식량을 받을 수 있다고 명령했다.

형제들이 시므온을 남겨 둔 채 가나안으로 돌아와 베냐민을 데리고 다시 이집트로 가야 한다고 하자, 야곱은 격렬히 반대했다. 이미 요셉을 잃은 상황에서, 야곱은 라헬이 낳은 또 다른 아들인 베냐민을 극도로 아끼며 보호하고 있었다. 그러나 식량이 떨어지자 결국 야곱도 선택의 기로에 놓이게 되었는데, 마지막까지 주저하던 그의 마음을 움직인 것은 유다였다.

유다가 그의 아버지 이스라엘에게 이르되 저 아이(베냐민)를 나와 함께 보내시면 우리가 곧 가리니 그러면 우리와 아버지와 우리 어린 아이들이 다 살고 죽지 아니하리이다 내가 그를 위하여 담보가 되오리니 아버지께서 내 손에서 그를 찾으소서 내가 만일 그를 아버지께 데려다가 아버지 앞에 두지 아니하면 내가 영원히 죄를 지리이다 우리가 지체하지 아니하였더라면 벌써 두 번 갔다 왔으리이다(창 43:8-10).

이렇게 해서 베냐민과 형제들은 음식을 사기 위해 다시 이집트로 내려갔다. 그러나 요셉은 이번에는 베냐민을 도둑으로 몰아 그를 이집트에 남게 하려 했다. 배다른 형들은 가나안으로 돌아가도 되지만, 친동생인 베냐민은 이집트에 남기려 했던 것이다. 이때 유다가 나서서 베냐민 대신 자신이 종으로 남겠다고 간청하는 장면이 창세기 44장 33절에 기록되어 있다.

이 구절을 읽을 때마다 가슴이 먹먹해지고 눈에서 눈물이 흐르는 것을 멈출 수 없다. 유다가 요셉에게 했던 말을 보면 그의 절박한 심정이 고스란히 전해진다. 이제 창세기 44장 18-34절에 기록된 유다의 간절한 호소를 함께 살펴보자.

유다가 그에게 가까이 가서 이르되 내 주여 원하건대 당신의 종에게 내 주의 귀에 한 말씀을 아뢰게 하소서 주의 종에게 노하지 마소서 주는 바로와 같으심이니이다 이전에 내 주께서 종들에게 물으시되 너희는 아버지가 있느냐 아우가 있느냐 하시기에 우리가 내 주께 아뢰되 우리에게 아버지가 있으니 노인이요 또 그가 노년에 얻은 아들 청년이 있으니 그의 형은 죽고 그의 어머니가 남긴 것은 그뿐이므로 그의 아버지가 그를 사랑하나이다 하였더니 주께서 또 종들에게 이르시되 그를 내게로 데리고 내려와서 내가 그를 보게 하라 하시기로 우리가 내 주께 말씀드리기를 그 아이는 그의 아버지를 떠나지 못할지니 떠나면 그의 아버지가 죽겠나이다 주께서 또 주의 종들에게 말씀하시되 너희 막내 아우가 너희와 함께 내려오지 아니하면 너희가 다시 내 얼굴을 보지 못하리라 하시기로 우리가 주의 종 우리 아버지에게로 도로 올라가서 내 주의 말씀을 그에게 아뢰었나이다 그 후에 우리 아버지가 다시 가서 곡물을 조금 사오라 하시기로 우리가 이르되 우리가 내려갈 수 없나이다 우리 막내 아우가 함께 가면 내려가려니와 막내 아우가 우리와 함께 가지 아니하면 그 사람의 얼굴을 볼 수 없음이니이다 주의 종 우리 아버지가 우리에게 이르되 너희도 알거니와 내 아내가 내게 두 아들을 낳았으나 하나는 내게서 나갔으므로 내가 말하기를 틀림없이 찢겨 죽었다 하고 내가 지금까지 그를 보지 못하거늘 너희가 이 아이도 내게서 데려 가려하니 만일 재해가 그 몸에 미치면 나의 흰 머리를 슬퍼하며 스올로 내려가게 하리라 하니 아버지의 생명과 아이의 생명이 서로 하나로 묶여 있거늘 이제 내가 주의 종 우리 아버지에게 돌아갈 때에 아이가 우리와 함께 가지 아니하면 아버지가 아이의 없음을 보고 죽으리니 이같이 되면 종들이 주의 종 우리 아버지가 흰 머리로 슬퍼하며 스올로 내려가게 함이니이다 주의 종이 내 아버지에게 아이를 담보하기를 내가 이를 아버지께 데리고 돌아오지 아니하면 영영히 아버지께 죄짐을 지리이다 하였사오니 이제 주의 종으로 그 아이를 대신하여 머물러 있어 내 주의 종이 되게 하시고 그 아이는 그의 형제들과 함께 올려 보내소서 그 아이가 나와 함께 가지 아니하면 내가 어찌 내 아버지에게로 올라갈 수 있으리이까 두렵건대 재해가 내 아버지에게 미침을 보리이다(창 44:18-34).

창세기 44장 33절에서 유다가 베냐민 대신 자신이 종이 되겠다고 간청하는 것은 단순히 동생을 사랑하는 마음이나 아버지 야곱에게 한 약속을 지키기 위해서만이 아니었다.

유다의 심정은 창세기 44장 27절에서 그가 전하는 야곱의 말을 통해 더욱 선명해진다.

> 내 아내가 내게 두 아들을 낳았으나 … (창 44:27).

이 말을 통해 알 수 있듯, 이때까지도 야곱의 마음속에서 자신의 아내는 네 명 중 여전히 오직 라헬 한 명뿐이었다. 형제들 간의 비극을 초래한 근본적인 원인은 사실 아버지 야곱이었다.

야곱은 처음부터 레아와 라헬 두 자매 중 라헬만을 사랑했고, 그로 인해 레아는 경쟁적으로 더 많은 자녀를 낳으려 했으며, 이 과정에서 두 여종까지 동원되어 가문의 자손이 늘어났다. 하지만, 야곱은 오직 라헬이 낳은 두 아들인 요셉과 베냐민만 특별히 사랑했고, 결국 그 편애가 나머지 열 형제의 분노를 일으켜 요셉을 노예로 팔아 버리는 비극으로 이어졌다.

그런데도 야곱은 여전히 과거에서 아무것도 배우지 못한 듯하다. 이미 라헬이 세상을 떠난 지 오래고(라헬은 베냐민을 낳다가 사망했다), 요셉마저 사라졌는데도 그는 여전히 베냐민만을 품에 안고 보호하고 있었다. 나머지 형제들은 여전히 자신들이 아버지의 자식으로 여겨지지 않는 현실을 감내해야 했고, 야곱은 죽은 라헬과 그녀의 아들들만을 "내 아내, 내 아들"이라 칭하며 다른 자식들을 소외시켰다.

이제 유다는 자신들의 운명을 손에 쥐고 있는 이집트 총리 앞에, 땅에 엎드려 이 상황을 타개하고자 그러한 야곱의 말을 전하고 있었다.

그러나 그 말을 곱씹을수록 그의 마음은 더욱 복잡하고 쓰라렸다. 아버지는 자신과 자신의 형제들, 그리고 어머니인 레아를 결코 진정한 아내와 자식으로 여기지 않았다. 오직 작은어머니 라헬과 그녀의 두 아들만이 아버지의 '진짜 가족'이었다.

베냐민을 구하기 위해 이집트 총리 앞에서 간청하며, 유다의 마음속에는 오래된 상처와 억울함이 끓어오르고 있었다.

> 아버지가 조금만 더 우리 어머니를 사랑해 주었더라면…
> 조금만 더 우리에게 관심을 가져 주었더라면…
> 일이 이렇게까지 되지는 않았을 텐데.
> 그렇게 노골적으로 요셉을 편애하지 않았더라면,
> 조금이라도 우리에게도 사랑을 베풀어 주었더라면,
> 우리가 요셉을 노예로 팔아 버리는 일까지는 벌어지지 않았을 것이 아닌가?
> 그리고 어떻게 아버지는 요셉을 잃고도 전혀 변하지 않은 채
> 베냐민만을 감싸고 돌 수 있는가?
> 요셉 대신 베냐민만을 사랑하며,
> 여전히 우리를 자식으로 여기지 않다니.
> 정말, 어떻게 아버지는 우리에게 이럴 수 있단 말인가?

마음속에서 이런 복잡한 감정이 소용돌이쳤지만, 유다는 그 모든 감정을 억누른 채 입을 열었다. 그 순간 그는 자신이 짊어진 모든 아픔과

상처를 넘어서야 했다. 이제 그는 자신의 억울함과 분노를 뒤로하고, 배다른 형제 베냐민을 위해, 원망스러운 아버지를 위해, 스스로를 희생하려 하고 있었다. 그것이 지금 무시무시한 이집트 총리 앞에서, 차가운 땅바닥에 머리를 조아리며 자신의 목숨을 내던지는 유다의 말이었다.

4. 아버지 유다

어느 가정에나 크고 작은 상처들이 있다. 부모와 자녀는 서로를 잘 안다고 믿지만, 실상은 세상에서 가장 서로를 모르는 존재일지도 모른다. 서로가 살아온 세상이 얼마나 다른지 깨닫지 못한 채, 전혀 다른 경험과 기준으로 상대를 평가하기 때문이다.

부모는 자녀의 결정을 미숙하게 여기고, 자녀는 부모의 생각을 고루하다고 여긴다. 그들은 서로 사랑하지만, 그 사랑이 상대방의 선택을 존중하고 신뢰하는 데까지는 이르지 못한다.

도무지 이해할 수 없다고 여겼던 가족이, 각자의 자리에서 최선을 다해 살아가고 있으며, 서툴지만 서로를 위해 가장 애쓰고 있다는 사실을 우리는 알지 못한다. 그래서 가정에서 비롯된 상처는 단순한 미움이나 아픔을 넘어, 분노와 아쉬움, 후회와 한탄이 뒤섞인 복잡한 감정으로 남는다.

때로는 원수처럼 미워하면서도 끝내 관계를 끊지 못하고, 인연을 부정할 수도 없는 것-그것이 바로 가족이다.

가족 간의 애증, 쉽게 떨쳐낼 수 없는 그 복잡한 감정 속에서, 요셉과 베냐민만 감싸던 아버지 야곱이 미웠고, 자신들의 손에 피를 묻히게 만든 그 아버지가 원망스러웠지만, 그가 아들을 잃고 슬퍼할 때, 그 슬픔은 결국 가족 모두의 슬픔이 되었다.

> 아버지가 그것을 알아보고 이르되 내 아들의 옷이라 악한 짐승이 그를 잡아 먹었도다 요셉이 분명히 찢겼도다 하고 자기 옷을 찢고 굵은 베로 허리를 묶고 오래도록 그의 아들을 위하여 애통하니 그의 모든 자녀가 위로하되 그가 그 위로를 받지 아니하여 이르되 내가 슬퍼하며 스올로 내려가 아들에게로 가리라 하고 그의 아버지가 그를 위하여 울었더라(창 37:33-35).

한 아들을 잃고 또 다른 아들도 잃을까 봐 전전긍긍하는 아버지. 비록 그 아버지가 걱정하는 아들이 자신이나 다른 형제들은 아니었지만, 그 마음을 가장 깊이 이해하고 있었던 사람은 누구였을까? 그것은 바로, 창세기 38장에서 세 아들 중 두 아들을 먼저 떠나보낸 유다였다. 첫째 아들 엘과 둘째 아들 오난이 차례대로 죽었을 때, 그들의 시신 앞에서 유다는 요셉을 위해 애통하던 야곱을 떠올렸을 것이다. 위로 따위는 전혀 소용없었다. 슬픔은 분노와 미움을 모두 덮고도 고스란히 거기 있었다. 유다는 아버지에게 자식을 잃는 고통이 무엇인지 누구보다 잘 알고 있었다.

야곱은 여전히 철없이 한 아들만을 편애했지만, 유다는 "아버지의 생명이 아이의 생명과 하나로 묶여 있음"(창 44:30)이 무엇인지, 그 아픔이 얼마나 깊은 것인지 온몸으로 경험한 사람이었다.

그래서 그는 자신의 마음속에 오랫동안 쌓여 있던 미움과 원망, 아쉬움과 한탄을 뒤로하고, 자신의 어머니를 아내로 여기지 않고 자신을 자식으로 여기지 않는 아버지를 위해 이렇게 말했다.

> 이제 주의 종으로 그 아이를 대신하여 머물러 있어 내 주의 종이 되게 하시고 그 아이는 그의 형제들과 함께 올려 보내소서(창 44:33).

자신이 내뱉는 말의 무게를 유다가 모를 리 없었다. 집에는 여전히 셋째 아들인 셀라와 다말에게서 태어난 쌍둥이 베레스와 세라가 있었고, 이제 여기서 베냐민 대신 종이 되면 다시는 사랑하는 아들들을 볼 수 없을 것이란 사실을 유다는 잘 알고 있었다.

그러나 아들을 잃어 본 아버지의 마음으로, 자신의 아버지는 자신처럼 또 한 명의 아들을 잃는 고통을 겪지 않도록 하기 위해, 이 야곱의 네 번째 아들은 열두 번째 아들을 위해 자기 목숨을 내놓고 있었다.

그리고 타국에서 20년 넘게, 종과 죄수의 시간을 지나 이제는 자신도 두 아들의 아버지가 된 요셉이 이 넷째 형의 복잡한 마음을 모를 리 없었다. 과거에는 자신을 팔아 넘긴 형들이 미웠지만, 시간이 지나며 요셉도 그 복잡한 가족사를 이해하고 있었고, 나름대로 자신과 베냐민만 받은 편애와 형들이 겪었을 상처를 어느 정도 알고 있었을 것이다. 그래서 자신의 친동생인 베냐민을 위해, 그리고 슬퍼할 아버지를 위해, 이 배다른 형인 유다가 자신을 희생하려 할 때, 요셉도 더 이상 버틸 수 없어 방성대곡하고 말았다.

> 요셉이 시종하는 자들 앞에서 그 정을 억제하지 못하여 소리 질러 모든 사람을 물린 후에 요셉은 형들 앞에서 방성 대곡하며 말하였다(창 45:1).

창세기 38장은 창세기 44장과 창세기 45장에서 요셉과 형제들이 화해하는 과정을 깊이 이해하는 데 매우 중요한 역할을 한다. 또한, 이 장은 창세기의 족장사에서 요셉이 마지막 네 번째 주인공(아브라함-이삭-야곱-요셉)인데도, 왜 요셉이 아닌 유다의 가문에서 예수님이 태어나야 했는지를 설명하는 중요한 열쇠를 제공한다.

로마서 5장 6-10절은 예수 그리스도를 통해 드러난 하나님의 사랑을 이렇게 정의한다.

> 우리가 아직 연약할 때에, 기약대로 그리스도께서 경건하지 않은 자를 위하여 죽으셨도다. 의인을 위하여 죽는 자가 쉽지 않고, 선인을 위하여 용감히 죽는 자가 혹 있거니와, 우리가 아직 죄인 되었을 때에 그리스도께서 우리를 위하여 죽으심으로 하나님께서 우리에 대한 자기의 사랑을 확증하셨느니라(롬 5:6-8).

> 우리가 원수 되었을 때에, 그의 아들의 죽으심으로 말미암아 하나님과 화목하게 되었은즉, 화목하게 된 자로서는 더욱 그의 살아나심으로 말미암아 구원을 받을 것이니라(롬 5:10).

유다의 희생이 중요한 이유는 그것이 단순히 사랑하는 가족, 즉 아버지나 동생을 위한 것이 아니라, 자신에게 깊은 상처를 준 원수를 위한 희생이었기 때문이다. 요셉도 베냐민도, 그리고 야곱도 유다에게는 씻을 수 없는 아픔을 남긴 존재들이었다. 유다의 입장에서 그들은 원수와 다름없었다.

자신의 어머니가 아닌 다른 여자를 '아내'라고 부르며, 그 여자가 낳은 자식들만 '아들'로 인정하고, 자신과 형제들은 자식 취급조차 하지 않았던 철없고 어리석은 아버지. 그리고 그 편애의 중심에서 자신을 철저히 소외시킨 상처의 근원, 작은어머니의 아들 베냐민. 그들을 위해 유다가 자신의 인생을 희생할 이유는 없었다. 그렇기에 그의 희생은 우리를 곤혹스럽게 한다.

어떻게 그럴 수 있단 말인가?

유다의 희생은 로마서 5장에서 전하는 하나님의 사랑과 닮았다. 하나님을 경외하며 섬기기는커녕, 역사 내내 그분을 거역하며 아프게 한 인간들. 창조주 하나님을 아버지로 여기지도 섬기지도 않고, 세상의 물질과 성공을 우상처럼 떠받들며 서로를 억압하고 빼앗고 죽이는 죄인들. 벌을 내리고 홍수와 불로 심판해도 마땅할 그들을 위해, 하나님은 인간으로 성육신한 자기 아들을 희생 제물로 삼아 죄의 종 된 그들을 구원하시기로 하셨다.

어떻게 그러실 수 있단 말인가?

우리가 하나님을 믿고 예수 그리스도를 주로 고백하는 것은, 그분이 단순히 세상을 창조하신 전능한 신이거나 우리의 소원을 들어주는 초월적 존재이기 때문이 아니다.

하나님은 우리가 여전히 죄인이었을 때, 심지어 그분의 원수로 살아가고 있을 때에, 그분의 단 하나뿐인 아들을 우리를 위해 희생시키신 분이다. 기독교의 하나님은 초월적이고 닿을 수 없는 절대자가 아니라, 사랑 때문에 스스로를 희생할 수밖에 없는 하나님, 가장 아끼는 아들을 내어 주며 아픔을 감내하신 하나님 아버지이시다.

그렇기에 자신이 얼마나 죄인인지 정직하게 깨닫게 되는 어느 날, 우리는 그분 앞에서, 그분의 아들이 달리신 십자가 앞에서, 가슴을 치며 "나의 주, 나의 하나님이시나이다"라고 고백할 수밖에 없는 것이 아닌가.

진실한 사랑에는 반드시 희생이 따른다. 희생의 크기가 사랑의 크기이다. 희생 없는 사랑은 단순한 자선이나 기부와 다를 바 없다. 한 인간을 변화시키고, 스스로의 노력으로는 결코 바꿀 수 없는 우리의 성품과 인생을 송두리째 바꿀 수 있는 힘은, 아들 예수를 원수인 우리를 위해 십자가에 내어 주신 그 하나님의 희생적인 사랑뿐이다.

그리고 유다가 자신의 인생을 망친 아버지 야곱과 동생 베냐민을 위해 자신의 목숨을 내어 놓는 그 희생이, 하나님이 그 아들이신 예수 그리스도를 통해 실행하실 사랑과 닮았기에, 하나님은 요셉이 아닌 유다를 대속자 그리스도의 조상으로 택하신 것이다.

여호와의 눈은 온 땅을 두루 감찰하사 전심으로 자기에게 향하는 자들을 위하여 능력을 베푸시나니(대하 16:9a).

제3장

하나님은 왜 여호수아를 위해 해와 달을 멈추셨는가?

전심이신 하나님

여호수아 9장: 기브온 전투

1. 여호수아서 – 하나님은 누구의 편이신가?

여호수아서는 구약성경의 여섯 번째 책이자, 역사서 가운데 첫 번째 책이다. 구약의 첫 다섯 권인 창세기부터 신명기를 토라(Torah), 또는 율법서나 모세오경이라 부른다. 토라가 끝난 뒤 이어지는 두 번째 부분이 바로 역사서로, 여호수아부터 에스더까지가 여기에 해당한다. 이후 욥기부터 아가는 성문서, 이사야부터 말라기까지는 예언서로 분류된다.

역사서의 첫 번째 책인 여호수아서는 이스라엘 백성이 가나안 땅을 정복하는 과정을 담고 있다. 출애굽 이후 모세는 이집트에서 탈출한 노예 무리를 40년간 광야에서 이끌며 하나님을 의지하는 백성으로 빚어냈다. 그러나 약속의 땅을 눈앞에 두고 요단강을 건너기 전, 모세는 생을 마쳤다. 이제 그 사명을 이어받은 여호수아가 요단강을 건너 가나안에 정착하는 임무를 맡게 되었다.

여호수아서는 구약성경에서 매우 읽기 어려운 책 중 하나로 꼽힌다. 내용이 난해해서가 아니라 전쟁과 정복, 그리고 살육의 장면이 가득하기 때문이다. 특히, 모든 사람에게 공평하셔야 할 하나님이 마치 이스라엘만을 편애하여 가나안 사람들을 일방적으로 멸망시키는 듯한 묘사는 여러 현대 독자들을 불편하게 한다.

그러나 보다 정확히 말하자면, 여호수아서에 나타난 사건들은 하나님이 이스라엘 편에서 가나안을 정복하신 것이 아니라, 이스라엘이 하나님 편에서 가나안을 정복한 것이다.

하나님은 소돔과 고모라를 심판하셨던 것처럼, 인신 제사와 극심한 성적 타락, 그리고 폭력이 만연했던 가나안 땅을 심판하고자 하셨다. 이는 단순히 이스라엘에게 땅을 주기 위한 것이 아니라, 이미 멸망시키기로 작정하셨던 가나안 사람들을 이스라엘을 통해 심판하신 것이다.

하나님은 창세기 15장 16절에서 아브라함에게 예언하시기를, 그의 자손이 이집트에서 400년간 종살이한 뒤, 아모리 사람들의 죄악이 가득 찬 때에 돌아와 그들을 심판할 것이라 하셨다.

> 네 자손은 사대 만에 이 땅으로 돌아오리니 이는 아모리 족속의 죄악이 아직 가득 차지 아니함이니라 하시더니(창 15:16).

이 예언은 하나님이 이스라엘을 특별히 편애하셨기 때문이 아니라, 아모리 족속의 죄악이 극에 달했기 때문에 그들을 심판하신 것임을 분명히 보여 준다.

만약 하나님이 이스라엘을 편애하셔서 그들이 아무리 죄를 저질러도 용서하시고, 가나안 원주민들은 미워하셔서 무조건 멸망시키셨다면, 이스라엘이 가나안을 차지한 후에 그들은 결코 멸망하지 않았어야 한다. 그러나 이스라엘이 가나안을 차지한 후 점차 가나안 족속의 타락한 풍습을 따르자, 하나님은 결국 앗수르와 바벨론을 통해 이스라엘 역시 심판하셨다.

따라서 중요한 것은 '하나님이 누구의 편에 서 계신가'가 아니라 '누가 하나님의 편에 서 있는가'이다. 이 원칙은 여호수아 15장에서 여호수아가 가나안에 들어와 처음 전쟁을 벌인 여리고성 가까이 이르렀을 때, 하나님의 군대 대장을 만난 사건에서도 분명히 드러난다.

> 여호수아가 여리고에 가까이 이르렀을 때에 눈을 들어 본즉 한 사람이 칼을 빼어 손에 들고 마주 서 있는지라 여호수아가 나아가서 그에게 묻되 너는 우리를 위하느냐 우리의 적들을 위하느냐 하니 그가 이르되 아니라 나는 여호와의 군대 대장으로 지금 왔느니라 하는지라 여호수아가 얼굴을 땅에 대고 엎드려 절하고 그에게 이르되 내 주여 종에게 무슨 말씀을 하려 하시나이까(수 15:13-14).

여호수아가 "당신은 우리 편입니까, 아니면 우리의 적들의 편입니까"라고 묻자, 여호와의 군대 대장은 "아니다"(둘 다 아니다)라고 답했다. 이는 하나님께서 어느 민족의 편을 드시는 분이 아니라 오직 하나님의 뜻을 따르는 자들에게 승리를 허락하신다는 것을 의미한다.

따라서 여호수아서는 이스라엘의 승리와 정복을 기록한 책이 아니라 하나님이 이스라엘을 도구로 삼아 가나안의 타락한 문화를 심판하신 역사서이다. 하나님은 이스라엘이 하나님의 뜻에 순종할 때는 그들을 통해 가나안을 심판하셨지만, 이스라엘이 하나님의 길을 떠났을 때는 다른 민족을 들어 이스라엘을 심판하셨다.

그러므로 본질적인 질문은 하나이다. 우리가 하나님의 편에 서 있는가, 아니면 하나님을 거스르는 길을 걷고 있는가.

2. 기브온 전투

이스라엘이 하나님의 편에 서 있을 때, 하나님이 그들과 함께하시며 여러 전투에서 승리를 주셨다. 그 가운데서도 기브온 전투는 매우 특별하다. 하나님의 강력한 초자연적 개입이 있었기 때문이다.

요단강을 건넌 뒤, 이스라엘은 여리고성과 아이성에서 각각 승리와 패배를 경험했다. 여리고성에서는 하나님의 명령에 따라 성을 돌자 성벽이 무너졌고, 아이성에서는 아간의 죄로 인해 패배했다가 회개한 후 다시 승리를 거두었다.

이 두 전투는 이스라엘에게 중요한 교훈을 주었다. 전쟁의 승패는 군사력이나 전략이 아니라, 이스라엘이 하나님께 순종하고 의지하는가에 달려 있다.

세 번째 전투인 기브온 전투는 여리고성이나 아이성 전투와는 비교할 수 없을 만큼 대규모의 전쟁이었다. 기브온 사람들이 이스라엘과 화친을 맺었다는 소식을 들은 아모리의 다섯 왕이 연합하여 기브온을 공격하자, 기브온 사람들은 길갈에 있던 여호수아에게 급히 도움을 요청했다. 이에 여호수아와 이스라엘 군대는 밤새 행군하여 아모리 연합군을 기습 공격했고, 전투는 이스라엘의 압도적인 승리로 끝났다.

그러나 이 전투에서 가장 인상적인 부분은, 하나님께서 초자연적 기적들로 이스라엘의 승리를 돕는 장면이다. 다른 전투와 달리, 이 전투에서 하나님은 하늘에서 큰 돌을 던져 적군을 공격하셨고, 여호수아의 말에 따라 해와 달을 하늘에 멈춰 두셨다.

> 여호와께서 그들을 이스라엘 앞에서 패하게 하시므로 여호수아가 그들을 기브온에서 크게 살육하고 벧호론에 올라가는 비탈에서 추격하여 아세가와 막게다까지 이르니라 그들이 이스라엘 앞에서 도망하여 벧호론의 비탈에서 내려갈 때에 여호와께서 하늘에서 큰 우박 덩이를 아세가에 이르기까지 내리시매 그들이 죽었으니 이스라엘 자손의 칼에 죽은 자보다 우박에 죽은 자가 더 많았더라 여호와께서 아모리 사람을 이스라엘 자손에게 넘겨주시던 날에 여호수아가 여호와께 아뢰어 이스라엘의 목전에서 이르되 태양아 너는 기브온 위에 머무르라 달아 너도 아얄론 골짜기에서 그리할지어다 하매 태양이 머물고 달이 멈추기를 백성이 그 대적에게 원수를 갚기까지 하였느니라… 여호와께서 사람의 목소리를 들으신 이 같은 날은 전에도 없었고 후에도 없었나니 이는 여호와께서 이스라엘을 위하여 싸우셨음이니라(수 10:10-14).

이 전투 장면을 제대로 이해하려면, 먼저 히브리어 원어를 면밀히 살펴볼 필요가 있다. 한국어 성경 여호수아 10장 11절은 여호와께서 하늘에서 "큰 우박 덩이"를 내리셨고, 칼에 죽은 자보다 "우박"에 맞아 죽은 자가 더 많았다고 기록한다. 그러나 여기서 "큰 우박 덩이"라는 번역은 원문을 정확히 반영한 것이 아니다.

"우박에 맞아 죽은 자가 더 많았다"라는 표현에 사용된 히브리어 단어 바라드*(barad)*는 출애굽기 9장에서 열 가지 재앙 중 "우박"을 묘사할 때도 쓰인, 명백히 "우박"을 뜻하는 단어다.

그러나 "큰 우박 덩이"를 내리셨다는 구절에서 사용된 히브리어는 바라드가 아니라 에벤 가돌*(even gadol)*이다. 에벤은 '돌'을 뜻하고,

가돌은 '크다'를 뜻하는 형용사다. 두 단어가 함께 쓰인 에벤 가돌은 "큰 우박 덩이"가 아니라 '거대한 돌'이라는 의미가 더 정확하다.

에벤이 돌을 뜻하는 단어라는 점은 사무엘상 7장 12절에서 사무엘이 '도움의 돌'(Stone of Help)을 기념하여 "에벤에셀"이라 명명한 장면에서 가장 분명하게 드러난다. 그리고 이 외에도 구약의 여러 곳에서 에벤은 일관되게 돌을 지칭하는 단어로 사용된다.

예를 들어, 야곱의 돌 베개(창 28:18), 요단강에서 가져온 열두 개의 돌(수 4:20), 건축자가 버린 돌(시 118:22), 돌 같은 마음(겔 11:19) 등 수많은 돌을 지칭하는 구절들 모두 히브리어 에벤을 사용한다.

게다가 에벤 가돌이라는 두 단어가 함께 쓰인 구절들을 보면, 이 "큰 돌"은 굴 어귀를 막을 정도로 거대한 돌이었으며(수 10:18), 그 위에서 제사를 드릴 수 있는 제단용 돌이었고(삼상 14:33-35), 멀리서도 식별 가능한 표시석 또는 지계석이었다(수 24:26; 삼상 6:18). 즉, 에벤 가돌은 거의 사람 키나 집채만 한 '거대한 돌'을 뜻하는 표현이었다.

아마도 히브리어 성경을 한국어로 번역할 때, 하늘에서 집채만 한 거대한 돌들이 쏟아지는 장면이 잘 상상되지 않아서 "큰 우박 덩이"로 의역했을 것이다. 그러나 에벤 가돌은 겨우 주먹만 한 돌을 연상케 하는 "큰 우박 덩이"가 아니라, '거대한 돌' 혹은 '커다란 바위'라고 이해하는 것이 더 정확하다.

결론적으로, 그날 전투에서 하나님이 여호수아를 위해 하늘에서 던지신 것은 단순한 기상 현상으로 내린 우박이 아니라, 정상적인 자연 상황에서는 결코 일어날 수 없는, 하늘에서 떨어지는 거대한 바위들의 낙하였다. 하나님께서 초자연적인 방식으로 직접 전투에 개입하시어 여호수아의 승리를 이끄신 것이다.

그리고 이날 벌어진 하나님의 초자연적인 역사는 거대한 돌들로 끝나지 않았다. 전투 중 여호수아가 해와 달에게 "멈추라"라고 명령하자, 하나님께서 그의 말을 들으시고 실제로 해와 달의 움직임을 멈추게 하셨다.

많은 사람이 이 기적을 고대인들의 천문학적 지식 부족이나 과장된 기록으로 보기도 하지만, 여호수아 10장 13절에 기록된 "태양이 중천에 머물러 거의 종일토록 속히 내려가지 아니하였다"라는 표현을 보면, 해가 약 6-8시간 동안 멈춰 있었다는 의미로 해석할 수 있다.

당시 농업과 목축을 하며 매일 하늘을 관찰하던 고대인들은, 현대인들보다 해와 달의 움직임에 훨씬 더 민감했다. 그들의 관찰 기록을 단순한 착각이나 오해로 보기에는 무리가 있다.

보통 성경에서 가장 큰 기적으로 노아의 홍수나 모세가 홍해를 가른 사건을 떠올리곤 한다. 하지만, 해와 달이 멈추었다는 것은 태양계, 더 나아가 우주 전체가 정지했을 가능성도 있다.

이보다 더 엄청난 기적이 있을까?

더욱이 대부분의 기적은 하나님께서 직접 명령하신 반면, 이 사건은 여호수아가 먼저 말했고, 하나님께서 그의 말에 응답하셔서 이루어진 기적이라는 점에서 더욱 특별하다.

성경 저자 역시 이 사건의 특이함을 강조하며, "여호와께서 사람의 목소리를 들으신 이 같은 날은 전에도 없었고 후에도 없었다"(수

10:14)라고 기록했다.

과연 이날 전투에서는 무슨 일이 일어났던 것일까?

왜 하나님은 이처럼 전무후무한 초자연적 기적을 행하시며 그 날 이스라엘을 위하여 싸우셨을까?

3. 여호수아의 중심

기브온 전투의 시작은 여호수아 9장에서, 기브온 사람들이 여호수아와 이스라엘 지도자들을 속이는 장면에서 비롯된다. 출애굽 사건과 이스라엘의 승리에 대한 소문은 이미 가나안과 아모리 지역 전역에 퍼져 있었고, 여리고와 아이성이 함락되자, 기브온 사람들은 이스라엘과 맞서 싸우는 것이 불가능하다는 사실을 깨달았다.

이스라엘을 속여서라도 화친을 맺어 살아남기로 결심한 기브온의 사신들은, 낡고 헤어진 가죽 포도주 부대와 곰팡이가 핀 떡을 가지고, 초라한 옷차림을 한 채 이스라엘 진영을 방문했다. 그리고 자신들이 먼 지역에서 온 사람들임을 증명하기 위해, 출발할 때 가져온 음식이 이미 다 상했고 오는 길에 옷이 해어졌다고 주장하며 이스라엘과의 불가침 조약을 요청했다.

여호수아와 이스라엘 지도자들은 그들의 말을 그대로 믿었고, 이들이 먼 지방에서 온 자들인 줄로만 생각하며 화친의 맹세를 하고 말았다.

그러나 이들이 실제로는 가까운 지역인 기브온 사람들이었음이 드러났을 때, 이스라엘 지도자들은 자신들이 큰 실수를 했음을 깨달았다. 성경은 이들이 맹세하기 전에 "여호와께 묻지 아니하고"(수 9:14) 결정을 내렸다고 보고하며, 그들의 실수를 명확히 지적한다.

> 무리가 그들의 양식을 취하고는 어떻게 할지를 여호와께 묻지 아니하고 여호수아가 곧 그들과 화친하여 그들을 살리리라는 조약을 맺고 회중 족장들이 그들에게 맹세하였더라 그들과 조약을 맺은 후 사흘이 지나서야 그들이 이웃에서 자기들 중에 거주하는 자들이라 함을 들으니라(수 9:14-16).

아무리 신중하게 계획하고 최선을 다해도 인간은 실수를 피할 수 없다. 완벽한 사람은 존재하지 않으며, 누구나 잘못된 선택을 할 수 있다. 여호수아와 회중의 족장들이 여호와께 묻지 않고 기브온 사람들과 조약을 맺은 것은 분명 실수였다.

그러나 중요한 것은 우리가 어떤 실수를 했느냐가 아니라, 실수를 했을 때 어떻게 반응하느냐이다. 우리의 태도와 대처 방식이야말로 우리의 인격과 중심을 드러내기 때문이다.

예를 들어, 자동차 사고는 의도적으로 선택하는 일이 아니다. 누구나 실수로 사고를 낼 수 있다. 그러나 사고가 발생한 후의 대응은 우리의 선택이다. 사고를 내고 책임을 회피하거나 도망가는 것은 개인의 인격과 양심을 드러내는 행동이다. 반면, 자신의 실수를 인정하고 책임지는 태도는 그 사람의 성품과 살아온 원칙을 보여 준다. 사고 자체는 피할 수 없을지라도, 사고 이후의 태도는 우리의 선택이라는 뜻이다.

기브온과 실수로, 아니 심지어 속아서 조약을 맺은 여호수아는 그 이후 어떻게 행동했는가?

상황은 결코 좋지 않았다. 기브온과 맺은 약속 때문에 그 땅을 점령하지 못하게 되자, 이스라엘 백성은 여호수아와 회중 지도자들에게 불만을 터뜨렸다.

> 그러나 회중 족장들이 이스라엘의 하나님 여호와로 그들에게 맹세했기 때문에 이스라엘 자손이 그들을 치지 못한지라 그러므로 회중이 다 족장들을 원망하니 모든 족장이 온 회중에게 이르되 우리가 이스라엘 하나님 여호와로 그들에게 맹세했은즉 이제 그들을 건드리지 못하리라(수 9:18-19).

여호수아는 원래부터 지도자로서의 자격 논란에 시달리고 있었을 것이다. 그의 전임자는 이스라엘 역사상 유례없는 영적 지도자, 모세였다. 자연히 여호수아는 늘 '과연 모세의 후계자로서 적합한 리더인가'라는 질문 앞에 놓일 수밖에 없었다. 그런데 이제 자격 논란을 넘어 책임론까지 불거진 것이다.

게다가 이 일은 단순한 실수가 아니라 기브온 사람들이 속임수를 써서 일으킨 일이었으므로, 여호수아는 화친의 맹세를 무효로 하고 싶은 마음이 간절했을 것이다. 지도자로서 실책을 인정하는 것보다, 실수를 무효화하는 편이 훨씬 쉽고 유리했을 수도 있었다. 그러나 여호수아의 선택은 달랐다. 그는 하나님 앞에서 한 맹세를 지켜야 한다고 결정했다.

비록 속았고, 실수로 맹세했으며, 그로 인해 자신의 리더십에 타격을 입고, 백성의 불만을 감수해야 했고, 영토 내에 이방인의 땅을 인정해야 하는 부담까지 떠안게 되었지만, 여호수아에게 무엇보다 중요한 것은 하나님과의 관계였다. 하나님과의 약속, 그리고 하나님 앞에서 한 맹세를 존중하는 것이 여호수아가 지키고자 한 가장 본질적인 가치였다.

이러한 그의 신념은 행동으로 더욱 분명히 드러난다. 성경은 여호수아가 "이스라엘 자손의 손에서 기브온 사람들을 건져서 죽이지 못하게 하였다"(수 9:26)라고 기록한다. 즉, 이스라엘 백성이 기브온을 공격하려 할 때, 여호수아는 오히려 기브온을 보호하며 이스라엘을 막아섰다.

원래대로라면 그는 이스라엘 편에서 기브온을 공격해야 지도자로서의 입지를 다질 수 있었을 것이다. 그러나 여호수아는 정반대의 선택을 했다. 자신의 이익이나 입장보다, 하나님과의 약속을 최우선으로 삼았다. 그것이 그의 중심이었고, 그의 신앙이었다.

4. 여호수아의 전심

여호수아 9장의 사건은, 기브온 사람들의 속임수와 여호수아의 실수로 인한 맹세, 그리고 그 맹세를 끝까지 지키는 모습으로 일단락된다. 그러나 이야기는 거기서 끝나지 않는다.

기브온 사람들이 이스라엘과 화친을 맺었다는 소식이 퍼지자, 다른 아모리 왕들은 이를 배신으로 간주하고 기브온을 공격하기로 결정했다. 원래 적보다 배신자가 더 미운 법이다. 함께 싸워도 부족할 판에 적에게 항복하다니, 이는 아모리 왕들에게 도저히 용납할 수 없는 일이었다. 이에 아모리의 다섯 왕은 신속히 연합군을 결성해 기브온을 응징하기 위해 진격했다.

기브온 사람들은 이 소식을 듣자마자, 곧바로 여호수아에게 도움을 요청했다. 성경은 여호수아가 그들의 요청을 받고 모든 군사와 용사들을 이끌고 기브온을 돕기 위해 출동했다고 기록한다.

> 기브온 사람들이 길갈 진영에 사람을 보내어 여호수아에게 전하되 당신의 종들 돕기를 더디게 하지 마시고 속히 우리에게 올라와 우리를 구하소서 산지에 거주하는 아모리 사람의 왕들이 다 모여 우리를 치나이다 하매(수 10:6).

> 여호수아가 모든 군사와 용사와 더불어 길갈에서 올라가니라(수 10:7).

여호수아 10장 6절에서 기브온의 요청이 도착한 순간과, 10장 7절에서 여호수아가 군대를 이끌고 출동하기로 결정한 이 짧은 두 절 사이에, 여호수아의 마음속에서는 얼마나 큰 갈등과 고민이 있었을지 생각해 볼 필요가 있다.

성경은 여호수아가 이 결정을 내리기까지 어떤 마음과 생각을 가졌는지 구체적으로 설명하지 않지만, 이 결정이 어디 쉬운 결정이었겠는가. 아마도 기브온의 메시지를 받은 여호수아는 내심 쾌재를 불렀을지도 모른다. 아모리 왕들이 기브온을 공격한다니, 이는 적들끼리 서로 싸워 소멸하는 이상적인 상황이 아닌가.

이미 속아서 맹세한 탓에 어쩔 수 없이 기브온을 살려 주고 있었는데, 이제 적들이 와서 기브온을 공격한다면 말 그대로 손 안 대고 코 푸는 기회가 찾아온 셈이었다. 심지어 여호수아는 '속임수를 쓴 기브온이 드디어 천벌을 받는구나'라고 생각했을 수도 있다.

게다가 이 기회를 통해 상처 입은 리더십을 회복하고, 백성의 지지를 얻으며, 애매한 기브온 문제까지 깔끔하게 해결할 수 있을 것 같았다. 모든 상황이 여호수아에게 유리하게 돌아가는 듯 보였다.

그러나 그 좋은 기회 앞에서 여호수아의 마음 한편에 여전히 걸리는 것이 있었다. 기브온과 화친하여 맺은 조약을 과연 어디까지 지켜야 하는가 하는 문제였다.

단순히 기브온을 공격하지 않고 살려 주는 것만으로 충분한가?

아니면 화친의 조약을 맺었으니, 그들이 도움이 필요할 때, 적극적으로 돕는 것까지 포함해야 하는가?

일반적으로 상황이 애매하고 해석의 여지가 있을 때 사람들은 본능적으로 자기에게 유리한 쪽으로 해석하기 마련이다. 이미 속임수를 쓴 기브온을 살려 준 것만으로도 충분히 관대했는데, 굳이 그들을 위해 전쟁에까지 나설 필요는 없었다. 게다가 이 전쟁에 개입했다가 혹시 패배라도 하게 되면, 이는 이스라엘 전체를 위기에 빠뜨릴 수도 있는 문제였다.

아마도 이러한 고민들이 여호수아의 마음속에서 치열하게 오갔을 것이다. 여호수아 10장 6절과 10장 7절 사이, 기브온의 도움 요청을 받고, 군대를 이끌고 나서기로 결정하기까지의 짧은 순간 동안, 여호수아는 깊고도 무거운 내적 싸움을 치렀을 것이다.

성경에는 여호수아 10장 6-7절 사이에 여호수아가 겪었을 내적 고민을 떠올리게 하는 또 다른 장면이 있다. 바로 창세기 22장 2-3절 사이, 아브라함이 겪었을 깊은 갈등과 고뇌이다.

> 여호와께서 이르시되 네 아들 네 사랑하는 독자 이삭을 데리고 모리아 땅으로 가서 내가 네게 일러 준 한 산 거기서 그를 번제로 드리라(창 22:2).

> 아브라함이 아침에 일찍이 일어나 나귀에 안장을 지우고 두 종과 그의 아들 이삭을 데리고 번제에 쓸 나무를 쪼개어 가지고 떠나 하나님이 자기에게 일러 주신 곳으로 가더니(창 22:3).

하나님께서 아브라함에게 아들 이삭을 바치라고 명령하신 창세기 22장 2절과, 그 이튿날 아브라함이 아침 일찍 길을 떠나는 22장 3절 사이, 그 밤 동안 아브라함의 내면에서는 얼마나 깊은 고민과 갈등이 몰아쳤겠는가.

하나님이 아브라함의 삶 전체를 통해 그를 준비시키시고 단련해 오셨지만, 이삭을 번제로 바치라는 명령은 이전의 모든 시험과는 비교할 수 없는 것이었다. 아마도 그날 밤, 하나님의 명령에 순종하기 위해 아브라함은 살아온 모든 세월의 고민을 합친 것보다도 더 고통스럽고 치열한 시간을 보냈을 것이다.

순종은 동의가 아니다. 동의는 상대방의 말이 나에게도 이롭고 논리적으로 맞아 보일 때, 그 말을 따르기로 결정하는 것이다. 그러나 순종은 상대방의 말이 이해되지 않고 도무지 받아들이기 어려울 때도, 그 뜻을 따르는 것이다.

창세기 12장에서 아브라함이 처음 본토와 친척을 떠나 하나님이 약속하신 땅으로 갈 때, 그는 하나님께 동의하고 있었다. 그 여정의 끝에 "큰 민족을 이루게 하겠다"라는 약속이 있었기에 아브라함은 하나님의 명령을 따르기로 동의한 것이다.

그러나 창세기 22장에서 이삭을 바치라는 명령에는 아무 이익도, 약속도, 이해도, 도무지 동의할 만한 근거가 없었다. 그러므로 창세기 22장 2절에서 "네 사랑하는 독자 이삭을 바치라"라는 명령을 듣고, 22장 3절에서 이삭을 바치기 위해 길을 떠날 때, 아브라함은 진정한 최초의 순종을 실천하고 있었다.

아브라함이 하나님의 명령에 순종했듯, 여호수아 역시 하나님 앞에서 한 약속에 순종해야 하는 중대한 순간을 맞았다. 기브온의 사신들이 도움을 요청했을 때, 여호수아는 고민하고 또 고민했다. 하나님 앞에서 맹세했다는 이유 하나만으로, 속임수로 맺어진 조약일지언정 그것을 존중해 기브온을 공격하지 않은 것만으로도 충분히 의리를 지킨 셈이었다.

그런데 이제, 정말 그들을 위해 목숨을 걸고 싸워야 하는가?
손해와 위험만 가득한 이 전투를 굳이 감당해야 하는가?
그게 하나님 앞에서 한 맹세를 정말로 지키는 길인가?

밤새 고민과 씨름 끝에 여호수아가 내린 결론은 그의 마음이 어디를 향해 있었는지를 분명히 보여 준다. 정당한 변명거리가 있어도, 많은 희생이 예상되어도, 그는 결코 하나님의 이름으로 한 약속을 가볍게 여기지 않았다. 애매한 부분이 있더라도, 최우선으로 고려할 것은 늘 '하나님', 그리고 '하나님과 한 약속'이었다.

세상이 다 아니라고 해도, 자신에게 불리하고 희생을 요구하는 일이어도, 그것이 하나님을 존중하는 길이라면 반드시 행해야 한다는 결심. 이것이 여호수아의 전심(全心), 그의 온 마음이 하나님을 향해 있음을 보여 주는 태도였다.

누군가 하나님께 전심으로 향할 때, 하나님은 어떻게 응답하시는가? 역대하 16장 9절은 이렇게 말씀하신다.

> 여호와의 눈은 온 땅을 두루 감찰하사 전심으로 자기에게 향하는 자들을 위하여 능력을 베푸시나니(대하 16:9).

하나님을 향한 전심(全心)이 있는 사람에게 하나님은 그분의 능력을 베푸신다. 여호수아 10장에서 하나님께서 하늘에서 집채만 한 돌들을 던지며 여호수아의 적들을 무찌르시고, 해와 달이 멈추도록 그의 기도를 들어주신 배경에는 여호수아의 '전심'이 있었다.

겉으로는 사소한 것처럼 보일 수도 있지만, 여호수아는 하나님 앞에서 기브온 사람들과 맺은 언약을 진실한 마음으로 지켰다. 그는 단순히 형식적으로 약속을 이행한 것이 아니라 하나님 앞에서 한 맹세를 끝까지 존중하며 책임을 다했다. 하나님도 그런 여호수아를 '전심'으로 도우셨던 것이다.

여호수아가 하나님 앞에서 기브온 사람들과의 약속을 전심으로 지킨 것과는 달리, 이 약속을 가볍게 여긴 사람이 있다. 바로 이스라엘의 초대 왕 사울이다. 사무엘하 21장에는 다윗 시대에 3년 동안 계속된 기근이 기록되어 있다. 다윗이 그 이유를 하나님께 묻자, 하나님은 사울이 기브온 사람들을 죽인 사건 때문이라고 말씀하셨다. 여호수아가 하나님을 향한 전심의 표시로 보호해 준 기브온 사람들을, 사울은 자신의 제위 기간 중 그 약속을 무시하고 죽였던 것이다.

> 다윗의 시대에 해를 거듭하여 삼 년 기근이 있으므로 다윗이 여호와 앞에 간구하매 여호와께서 이르시되 이는 사울과 피를 흘린 그의 집으로 말미암음이니 그가 기브온 사람을 죽였음이니라 하시니라 기브온 사람은 이스라엘 족속이 아니요 그들은 아모리 사람 중에서 남은 자라 이스라엘 족속들이 전에 그들에게 맹세하였거늘 사울이 이스라엘과 유다 족속을 위하여 열심이 있으므로 그들을 죽이고자 하였더라 (삼하 21:1-2).

사울은 어떤 사람이었는가?

흔히 사울과 대조되는 인물로 다윗이 거론된다. 다윗은 하나님 마음에 합한 사람, 다시 말해 여호수아처럼 전심으로 하나님을 존중한 사람이었다. 반면, 사울은 자신의 필요와 하나님의 뜻이 일치할 때만 하나님을 섬긴 전형적인 인물이다. 사울에게 하나님이 중요한 이유는 하나님이 자신을 왕으로 세우신 분이기 때문이다.

자신을 왕으로 세우고 축복해 주는 신을 섬기지 않을 사람이 어디 있겠는가?

그러나 하나님의 명령이 자신의 이익과 일치하지 않을 때, 사울은 그 명령을 쉽게 어기거나, 자신의 이익을 해치지 않는 선까지만 순종했다.

사울이 범한 결정적인 죄는 사무엘상 15장에서 아말렉을 진멸하라는 하나님의 명령을 어긴 사건이다. 하지만, 사울은 이때 자신이 불순종했다고 생각하지 않았다. 하나님은 아말렉의 모든 사람과 동물까지 진멸하라고 명령하셨다. 그러나 사울은 이스라엘의 적인 아말렉 사람들은 죽였지만, 이스라엘에 유익이 되는 아말렉의 가축들은 남겨 두었다. 하나님의 명령을 어기고도 사울은 변명했다. 그 동물들을 하나님께 제사로 바칠 생각이었다고 말한 것이다.

이때, 사무엘이 사울에게 한 유명한 말이 사무엘상 15장 22절에 기록되어 있다.

> 사무엘이 이르되 여호와께서 번제와 다른 제사를 그의 목소리를 청종하는 것을 좋아하심 같이 좋아하시겠나이까 순종이 제사보다 낫고 듣는 것이 숫양의 기름보다 나으니(삼상 15:22).

사울이 말한 "제사"는 자신에게도 좋고 하나님께도 좋다고 생각되는 것이었다. 그러나 사무엘이 요구한 것은 자신들에게는 전혀 좋아 보이지 않더라도 하나님의 명령이기 때문에 온전히 수행하는 "순종"이었다.

사울은 단 한 번도 하나님께 온전한 순종, 곧 동의를 넘어서는 진정한 순종을 해 본 적이 없었다. 그는 자신을 왕으로 세우신 하나님께 감사했지만, 하나님이 자신 대신 다윗을 왕으로 세우려는 뜻은 받아들이지 못했다. 그 뜻이 자신의 이익과 정반대였기 때문이다.

이처럼 사울은 자기와 자기 백성의 이익을 하나님께 대한 순종보다 우선시했다. 그렇기에 사울은, 여호수아가 하나님께 대한 전심으로 기브온 사람들과의 언약을 지키며 이스라엘의 이익과 반대되는 결정을 내린 것을 이해할 수 없었다. 그래서 그는 아무런 가책 없이 기브온 사람들을 죽였다.

성경은 사울이 그 일을 한 이유를 이렇게 기록한다.

> 이스라엘과 유다 족속을 위하여 열심이 있으므로 그들을 죽이고자 하였더라 (삼하 21:2).

사울은 악한 사람이 아니었다. 그러나 그는 하나님을 향한 열심이 아니라 자기와 자기 민족을 위한 열심이 있던 사람이었다. 그리고 사실 그 모습은 우리의 관심과 이익과 연관이 있는 한에서만 하나님께 순종하는 많은 신앙인의 모습이기도 하다.

그러나 성경은 그저 그런 보통 신앙인들의 이야기가 아니다. 성경은 인생의 어떤 순간에도 하나님이 항상 옳으심을 믿고 감사와 찬양을 드린 사람들의 이야기이다.

- 아비멜렉왕 앞에서 침을 흘리며 목숨을 구걸했던 비참한 패배의 순간에도, 밧세바와의 사건으로 자신의 죄성이 드러난 수치의 순간에도 하나님을 향한 믿음을 놓지 않았던 "하나님의 마음에 합한 사람" 다윗.
- 자신의 인생과 신앙이 부정되는 절체절명의 순간에도 하나님의 명령을 순종했던 "하나님의 친구" 아브라함.
- 자신의 이익과 정반대되는 결정임에도 전심으로 하나님과의 약속을 지켜 하나님의 놀라운 기적을 경험한 여호수아.

여호수아서부터 열왕기하까지 기록된 이스라엘의 가나안 땅에서의 역사는 실패의 역사였다. 백성은 반복적으로 하나님을 떠나 우상을 섬겼고, 결국 앗수르와 바벨론에 의해 나라가 무너지고 포로로 끌려가는 비극을 맞이했다. 포로기와 포로 후기의 절망적 상황 속에서, 왜 그들의 나라가 멸망했는지를 되돌아보며 이 역사서들은 기록되었고, 그 가운데 백성은 여호수아의 마지막 외침을 떠올렸을 것이다.

> 그러므로 이제는 여호와를 경외하며 온전함과 진실함으로 그를 섬기라 … 너희가 섬길 자를 오늘 택하라 오직 나와 내 집은 여호와를 섬기겠노라(수 24:14-15).

우리의 평범하고 일상적인 삶을 넘어 명예와 영광과 기적이 일어나는 순간은 언제인가?

우리를 거룩한 사람으로 빚어 내고, 우리로 하여금 위대한 일을 하게 하는 인생의 결정적인 요인은 무엇인가?

그것은 우리가 하나님께 전심일 때, 하나님도 우리에게 전심을 내신다는 것이다. 우리의 인생에 하나님께서 전심으로 역사하시는 일이 있기를 바란다. 우리가 하나님께 전심으로 나아갈 때, 하나님도 우리에게 전심으로 응답하시며 한 번도 경험하지 못한 놀라운 일들을 보여 주실 것이다.

여호와께서 다시 이스라엘을 향하여 진노하사 그들을 치시려고 다윗을 격동시키사 가서 이스라엘과 유다의 인구를 조사하라 하신지라 (삼하 24:1).

제4장

하나님은 왜 다윗을 격동시키셨는가?

책임지시는 하나님

사무엘하 24장: 다윗의 인구 조사

1. 다윗왕

이스라엘 역사에서 가장 위대한 왕으로 꼽히는 다윗에게는 "하나님의 마음에 합한 자" 혹은 "하나님 마음에 맞는 사람"(a man after God's own heart)이라는 특별한 호칭이 따라붙는다.

사무엘상 13장 14절에서 사무엘은, 사울 대신 하나님이 선택하실 다음 왕은 "하나님 마음에 맞는 사람"이라고 말했으며, 신약의 사도행전 13장 22절에서 사도 바울도 하나님께서 다윗을 그렇게 칭하셨다고 전한다.

> 지금은 왕의 나라가 길지 못할 것이라 여호와께서 왕에게 명령하신 바를 왕이 지키지 아니하였으므로 여호와께서 그의 마음에 맞는 사람을 구하여 여호와께서 그를 그의 백성의 지도자로 삼으셨느니라 하고 (삼상 13:14).

> 그 후에 그들이 왕을 구하거늘 하나님이 베냐민 지파 사람 기스의 아들 사울을 사십 년간 주셨다가 폐하시고 다윗을 왕으로 세우시고 증언하여 이르시되 내가 이새의 아들 다윗을 만나니 내 마음에 맞는 사람이라 내 뜻을 다 이루리라 하시더니 (행 13:21-22).

여기서 "마음에 맞는"으로 번역된 히브리어 킬레바보 *(kil'vavo)*는 '그의 심장과 같은' (like His heart) 혹은 '그의 심장과 일치하는' (according to His heart)이라는 뜻이다. 즉, 문자 그대로는 '여호와의 심장과 같은 심장을 가진 자' 혹은 '여호와의 심장과 일치하는 심장을 가진 자'

라는 의미이다.

하나님과 같은 심장(마음)을 가진 사람이라니, 이 호칭만 보아도 다윗이 얼마나 특별한 인물인지 알 수 있다. 그리고 꼭 이 호칭이 아니더라도 성경 곳곳에는 다윗에 대한 하나님의 칭찬이 차고 넘친다.

> 솔로몬이 가로되 주의 종 내 아비 다윗이 성실과 공의와 정직한 마음으로 주와 함께 주의 앞에서 행하므로 주께서 저에게 큰 은혜를 베푸셨고 … (왕상 3:6).

> 네가 만일 네 아비 다윗의 행함 같이 내 길로 행하며 내 법도와 명령을 지키면 내가 또 네 날을 길게 하리라(왕상 3:14).

> 네가 만일 네 아비 다윗의 행함 같이 마음을 온전히 하고 바르게 하여 내 앞에서 행하며 내가 네게 명한 대로 온갖 것을 순종하여 나의 법도와 율례를 지키면 내가 네 아비 다윗에게 허하여 이르기를 이스라엘 위에 오를 사람이 네게서 끊어지지 아니하리라 한 대로 너의 이스라엘의 왕위를 영원히 견고하게 하려니와(왕상 9:4-5).

> 네가 만일 내가 명한 모든 일에 순종하고 내 길로 행하며 내 눈에 합당한 일을 하며 내 종 다윗의 행함 같이 내 율례와 명령을 지키면 내가 너와 함께 있어 내가 다윗을 위하여 세운 것 같이 너를 위하여 견고한 집을 세우고 이스라엘을 네게 주리라(왕상 11:38).

성경은 다윗이 평생 여호와 보시기에 정직하게 행하며, 하나님이 명령하신 모든 일을 어기지 않았다고 기록한다. 더욱이 사무엘하 7장에서 하나님은 다윗과 그의 후손을 하나님과 부자(父子) 관계로 여기시며, 다윗의 자손이 죄를 범해도 그들에게서 하나님의 은총을 빼앗지 않겠다고 약속하셨다.

이 언약으로 인해 다윗과 그의 왕조는 영원한 언약의 중심이 되었다. 그리고 다윗의 나라가 영원히 보전될 것이라는 확신이 더해지면서, 이스라엘에서 다윗의 위치는 매우 중요하게 되었다.

> … 여호와가 또 네게 이르노니 여호와가 너를 위하여 집을 이루고 네 수한이 차서 네 조상들과 함께 잘 때에 내가 네 몸에서 날 자식을 네 뒤에 세워 그 나라를 견고케 하리라 저는 내 이름을 위하여 집을 건축할 것이요 나는 그 나라 위를 영원히 견고케 하리라 나는 그 아비가 되고 그는 내 아들이 되리니 저가 만일 죄를 범하면 내가 사람 막대기와 인생 채찍으로 징계하려니와 내가 네 앞에서 폐한 사울에게서 내 은총을 빼앗은 것 같이 그에게서는 빼앗지 아니하리라 네 집과 네 나라가 내 앞에서 영원히 보전되고 네 위가 영원히 견고하리라 하셨다 하라 (삼하 7:11-16).

이 언약으로 인해 성경은 이스라엘과 유다가 잘못했을 때도 하나님이 다윗을 기억하시고 백성을 용서하셨다고 여러 차례 기록한다(왕상 11:12-13; 15:4; 왕하 8:19; 19:34; 대하 21:7; 사 37:35). 또한, 다윗의 아들 솔로몬 이후 이스라엘 왕국이 북이스라엘과 남유다로 나뉘었을 때, 북이스라엘은 왕조가 여러 차례 교체되었으나 남유다에서는 다윗의 후손들이 계속해서 왕위를 계승했다. 이는 단순한 정치적 안정 때문이 아니라, 다윗이 하나님과 맺었던 특별한 언약과 그의 신실함을 백성이 인정하고 존중했기 때문이다.

이처럼 위대한 다윗의 생애에서, 유일한 결함이라 할 만한 사건은 밧세바와의 간음과 헷 사람 우리야를 죽인 일이다. 그래서 열왕기상 15장 5절은 다윗이 평생 여호와 보시기에 정직하게 행하였다고 기록하면서도, 이 한 가지 사건을 그의 흠으로 지적하고 있다.

> 이는 다윗이 헷 사람 우리아의 일 외에는 평생에 여호와 보시기에 정직하게 행하고 자기에게 명령하신 모든 일을 어기지 아니하였음이더라 (왕상 15:5).

그러나 밧세바와 우리야의 사건 외에도 다윗의 실수가 하나 더 있다. 바로 다윗의 말년에 일어난 인구 조사 사건이다.

2. 다윗의 인구 조사

사무엘하 24장은 다윗의 말년에 여호와께서 다윗을 격동시키사 이스라엘과 유다의 인구를 조사하라는 명령을 내리게 하셨다고 기록한다.

> 여호와께서 다시 이스라엘을 향하여 진노하사 그들을 치시려고 다윗을 격동시키사 가서 이스라엘과 유다의 인구를 조사하라 하신지라(삼하 24:1).

구약에서 인구 조사는 여러 차례 등장하지만, 대부분 하나님의 명령에 따라 시행되었거나(수 1장, 26장), 속전(세금)을 거두어 질병을 예방하거나 치료하기 위한 목적이었으며(출 30:12), 또는 공동체를 재건하고 보호하기 위한 긍정적인 목적(느 7:5)으로 이루어졌다.

그러나 다윗의 인구 조사는, 하나님의 보호와 인도를 신뢰하기보다 자신의 군사력과 나라의 크기를 확인하고, 그 힘에 의지하려 한 행위로 보인다. 요압의 반대가 이러한 다윗의 의도를 드러내 준다.

> 이에 왕이 그 곁에 있는 군사령관 요압에게 이르되 너는 이스라엘 모든 지파 가운데로 다니며 이제 단에서부터 브엘세바까지 인구를 조사하여 백성의 수를 내게 보고하라 하니 요압이 왕께 아뢰되 이 백성이 얼마든지 몡의 하나님 여호와께서 백 배나 더하게 하사 내 주 왕의 눈으로 보게 하시기를 원하나이다 그런데 내 주 왕은 어찌하여 이런 일을 기뻐하시나이까 하되 (삼하 24:2-3)

그러나 여기서 더 중요한 질문은, 다윗의 인구 조사가 '어떤 의도를 가졌는가' 혹은 '그것이 얼마나 잘못된 행동이었는가'보다, '왜 다윗이 인구 조사를 명령했는가' 하는 이유이다. 사무엘하 24장 1절은 그 원인이 하나님께서 다윗을 격동시키셨기 때문이라고 기록한다.

인구 조사가 하나님 보시기에 옳은 것이 아니라면, 하나님은 왜 다윗이 인구 조사를 하도록 그를 격동시키셨을까?

또한, 하나님께서 다윗을 격동하신 것이라면, 왜 그 일로 인해 다윗이 벌을 받아야 했을까?

이러한 의문은 구약 시대에도 이미 제기되었던 것으로 보인다. 같은 사건을 후대에 기록한 역대상은, 다윗이 인구 조사를 한 이유가 하나님이 아니라 사탄이 다윗을 충동했기 때문이라고 설명한다.

> 사탄이 일어나 이스라엘을 대적하고 다윗을 충동하여 이스라엘을 계수하게 하니라(대상 21:1).

즉, 사무엘하는 하나님이 다윗을 격동하셨다고 기록한 반면, 역대상은 사탄이 다윗을 충동했다고 기록한다.

그러나 사실 구약에서 "하나님이 다윗을 격동시키셨다"라는 표현과 "사탄이 다윗을 충동하였다"라는 표현은 본질적으로 큰 차이가 없다.

신약에서는 사탄이 하나님의 대적자 혹은 원수로 등장한다(예수님을 유혹하는 사탄 – 마 4장, 가라지를 심은 원수 – 마 13:39, 예수님을 넘어지게 하려는 사탄 – 마 16:23, 이 세상의 신 – 고후 4:4, 공중의 권세 잡은 자 – 엡 2:2). 그러나 구약에서 사탄은 여전히 하나님의 종 가운데 하나로 여겨졌으며, 하나님의 허락 없이는 아무 일도 할 수 없는 존재로 묘사된다(천사들과 함께 여호와 앞에 선 사탄-왕하 22:19-22; 욥 1:6-12; 2:1-6; 슥 3:1-2).

욥기 1장을 보면, 사탄이 욥에게 재앙을 일으킬 때도 오직 하나님이 허락하신 범위 내에서만 행동할 수 있었다. 더욱이 욥을 직접적으로 공격한 것은 사탄이었음에도, 하나님은 그에게 그렇게 하도록 허락하신 자신이 욥을 치신 것이라 말씀하셨다.

> 네가 나를 격동하여 까닭 없이 (내가) 그를 치게 하였어도(욥 2:3).

또한, 열왕기상 22장에서 선지자 미가야가 본 천상 회의의 환상 속에서, 아합왕을 멸망시키기 위해 등장하는 '거짓말하는 영' 역시 하나님의 허락 하에 이 일을 진행했다.

즉, 구약에서 사탄은 하나님의 천상 회의에 참석하는 많은 천사 중 하나로 주로 사람이나 이스라엘에게 부정적인 영향을 미치는 역할을 맡았지만, 하나님의 뜻을 거스르며 독자적으로 행동할 수 있는 존재는 아니었다.

따라서 역대상 21장에서 다윗을 충동한 것이 사탄이라 기록되어 있더라도, 결국 그 일은 하나님의 지시나 적어도 동의 아래 이루어진 것이며, 본질적으로 하나님께서 하신 일이라고 보아야 한다.

그렇다면 다시 두 가지 질문이 남는다.

하나님은 왜 다윗을 격동시키셨는가?

또한, 왜 이로 인해 다윗이 벌을 받아야 하는가?

여기서 주목할 점은, 하나님께서 진노하신 대상이 다윗이 아니라 이스라엘 전체였다는 사실이다. 사무엘하 24장과 역대상 21장을 보면, 하나님과 사탄 모두 다윗이 아닌 이스라엘을 향해 진노하며, 그들을 대적하고 있다.

> 여호와께서 다시 이스라엘을 향하여 진노하사 그들을 치시려고 다윗을 격동시키사 가서 이스라엘과 유다의 인구를 조사하라 하신지라(삼하 24:1).

> 사탄이 일어나 이스라엘을 대적하고 다윗을 충동하여 이스라엘을 계수하게 하니라(대상 21:1).

성경은 하나님이 왜 이스라엘에게 진노하셨는지를 명확히 설명하지 않지만, 그 배경을 추측할 수 있는 단서들은 존재한다. 다윗 시대의 이스라엘은 급속히 강대국으로 성장했고 수많은 정복 전쟁을 통해 영토를 확장했으며, 그 과정에서 벌어진 군사 활동은 주변 약소국들에게 억압적이고 폭력적이었다.

열왕기상 11장 15-16절에는 요압 장군이 에돔을 정복한 후 그곳에 여섯 달 동안 머물며, 에돔의 남자들을 모두 살해한 사건이 기록되어 있다.

> 전에 다윗이 에돔에 있을 때에 군대 지휘관 요압이 가서 죽임을 당한 자들을 장사하고 에돔의 남자를 다 쳐서 죽였는데 요압은 에돔의 남자를 다 없애기까지 이스라엘 무리와 함께 여섯 달 동안 그 곳에 머물렀더라(왕상 11:15-16).

이 사건은 이스라엘의 관점에서는 승자의 정당한 군사 행위처럼 보일 수 있지만, 에돔의 입장에서 보면 잔인한 대량 학살이며, 현대적인 시각으로는 전쟁 범죄로 간주될 수도 있다. 한때 억압받던 이스라엘이 이제는 오히려 억압자의 위치에 선 것이다.

비록 하나님이 다윗과 이스라엘에게 전쟁의 승리를 주셨다 하더라도, 다윗이 성전을 건축하지 못한 이유로 "너는 피를 심히 많이 흘렸고 크게 전쟁하였다"라고 말씀하신 점(왕상 8:19; 대상 22:8; 28:3)을 고려할 때, 전쟁과 정복은 본래 하나님의 뜻은 아니었다. 다시 말해, 하나님이 승리를 주셨다고 해서 그들의 모든 군사 행동이나 그 과정에서 발생한 과도한 폭력까지 하나님이 승인하신 것은 아니었다.

예를 들어, 후에 이스라엘이 죄를 범하자 분노하신 하나님은 바벨론을 통해 이스라엘을 심판하셨다. 그러나 바벨론과 주변 나라들이 이스라엘을 지나치게 잔혹하게 다루자, 하나님은 그들에게 다시 진노하셨다. 스가랴 1장 15절은 이렇게 증언한다.

> 안일한 여러 나라들 때문에 심히 진노하나니 나는 조금 노하였거늘 그들은 힘을 내어 고난을 더하였음이라(슥 1:15).

이 구절은 하나님이 바벨론을 이스라엘에 대한 징계의 도구로 쓰시며 그들에게 승리를 허락하셨지만, 그들의 과도한 폭력까지 용납하신 것은 아님을 분명히 보여 준다.

스가랴 1장 15절에서 하나님이 이스라엘을 과도하게 괴롭힌 여러 민족에게 진노하신 것처럼, 사무엘하 24장 1절에서 하나님은 주변 약소국들을 과도하게 억압한 이스라엘에게 진노하신 것이 아닐까?

더욱이 하나님이 다윗을 충동하여 하게 하신 것이 군사의 숫자를 점검하는 인구 조사임을 감안하면, 이러한 추측은 더욱 신빙성을 가진다.

하나님이 이스라엘에 진노하신 이유가 이스라엘의 잔인한 정복 전쟁과 교만, 힘의 남용 같은 국제적 요인이든, 아니면 우상 숭배나 성적 타락 같은 국내적 상황 때문이든, 중요한 점은 하나님이 이스라엘에게 진노하셨다는 사실이다. 그리고 그들을 벌하기 위해 하나님은 다윗을 격동시키기로 결정하셨다.

그러나 왜 하필 다윗인가?

인구 조사는 다윗의 생애 말년에 일어난 일이다. 그는 이미 밧세바와 우리야 사건 이후 가족 내에서 끊임없는 비극을 경험했다. 아들 암논이 배다른 누이 다말을 욕보였고, 다말의 친오빠 압살롬은 암논을 죽였으며, 마침내 반역을 일으킨 압살롬마저 비극적으로 죽음을 맞이했다. 다윗은 이미 피와 눈물로 얼룩진 가정사를 감당하며 깊은 시련의 세월을 보낸 후였다.

그리고 인구 조사가 보고되기 바로 전 장인 사무엘하 22장 1절은 다음과 같이 기록한다.

> 여호와께서 다윗을 모든 원수의 손과 사울의 손에서 구원하신 그 날에 다윗이 이 노래의 말씀으로 여호와께 아뢰어(삼하 22:1).

이 구절은 다윗의 삶에서 모든 원수와의 갈등이 이미 마무리되고, 하나님께서 그에게 평화와 쉼을 주신 것을 상징적으로 보여 준다.

그렇다면 다윗이 이렇게 인생의 모든 폭풍을 통과하고 평화롭게 노년을 준비하고 있던 순간에 하나님은 왜 다시 그를 격동시키셨을까?

3. 하나님 마음에 합한 자 다윗

이 질문에 답하기 위해서는, 먼저 다윗이 어떤 사람이었는지를 확인해야 한다. 다윗의 성품은 이 인구 조사 사건 이후 그가 어떻게 반응했는지를 통해 분명히 드러난다.

> 다윗이 백성을 조사한 후에 그의 마음에 자책하고 다윗이 여호와께 아뢰되 내가 이 일을 행함으로 큰 죄를 범하였나이다 여호와여 이제 간구하옵나니 종의 죄를 사하여 주옵소서 내가 심히 미련하게 행하였나이다 하니라(삼하 24:10).

인구 조사를 마친 직후, 다윗의 첫 번째 반응은 자책과 회개였다.

다윗은 자신이 인구 조사를 한 것이 하나님의 격동 때문임을 알았을까?

만약 알았다면, 그의 반응은 달랐을까?

아마도 그렇지 않았을 것이다. 하나님이 왜 다윗을 충동하셨는가 하는 문제는 독자들의 궁금증일 수 있지만, 정작 가장 그 질문을 던질 수 있었던 당사자인 다윗은 일이 잘못되었을 때 그 이유를 묻는 사람이 아니었기 때문이다. 다윗은 자신의 인생에서 벌어지는 모든 일에 대해 한 가지 확실한 신념이 있었는데, 그것은 바로 '하나님은 항상 옳으시다'라는 믿음이었다.

다윗은 하나님의 말씀이 자신에게 유리할 때만 순종했던 사울과는 달랐다. 사울은 하나님이 하시는 일이 이해가 되고 그 말씀에 자신이 동의하는 범위까지만 순종했다. 그러나 다윗은 인생의 모든 일, 좋은 일과 나쁜 일에서 늘 하나님이 옳으시다고 고백하는 사람이었다.

사울을 피해 도망다닐 때조차 다윗은 하나님을 원망하지 않았다. 오히려 사울을 왕으로 세우신 하나님의 결정을 존중했다. 다윗이 자기를 죽이려는 사울을 두 번이나 살려 준 것은, 사울에 대한 개인적인 존중이 아니라, 그를 기름 부어 왕으로 세우신 하나님의 결정을 존중했기 때문이다.

> 내가 손을 들어 여호와의 기름 부음을 받은 내 주를 치는 것은 여호와께서 금하시는 것이니 … (삼상 24:6).

다윗은 하나님의 뜻을 어기는 일에 대해 매우 민감했다. 심지어 사울의 옷자락을 베는 것만으로도 '마음이 찔려' 스스로를 책망했다. 이는 다윗이 하나님께서 원하시지 않는 것을 하는 데 얼마나 예민하게 반응했는지를 잘 보여 준다.

또한, 사울을 피해 블레셋의 아기스(아비멜렉)왕에게 갔다가 목숨이 위태로워졌을 때, 다윗은 자신의 생명을 지키기 위해 "미친 체하고 대문짝에 그적거리며 침을 수염에 흘리는" 수모를 겪었다. 당시 사회에서 남자에게 가장 중요한 것이 명예임을 감안할 때, 이는 다윗이 인생의 밑바닥까지 떨어졌음을 보여 주는 사건이다. 그러나 그 가장 비참한 순간에도, 다윗은 하나님을 원망하지 않았고 오히려 하나님을 찬양했다.

[다윗이 아비멜렉 앞에서 미친 체하다가 쫓겨나서 지은 시] 내가 여호와를 항상 송축함이여 내 입술로 항상 주를 찬양하리이다 내 영혼이 여호와를 자랑하리니 곤고한 자들이 이를 듣고 기뻐하리로다(시 34:1-2).

선지자 나단이 다윗을 찾아와 밧세바와 우리야 사건을 지적하며 하나님의 벌을 경고했을 때도, 다윗은 사울처럼 변명하지 않고 그 자리에서 자신의 죄를 고백하고 하나님의 옳으심을 선포했다.

그때, 다윗의 심정이 시편 51편에 그가 지은 시에서 잘 나타난다.

여호와께서 또 이와 같이 이르시기를 보라 내가 너와 네 집에 재앙을 일으키고 내가 네 눈앞에서 네 아내를 빼앗아 네 이웃들에게 주리니 그 사람들이 네 아내들과 더불어 백주에 동침하리라 너는 은밀히 행하였으나 나는 온 이스라엘 앞에서 백주에 이 일을 행하리라 하셨나이다 하니 다윗이 나단에게 이르되 내가 여호와께 죄를 범하였노라 … (삼하12:11-13a).

[다윗의 시, 인도자를 따라 부르는 노래, 다윗이 밧세바와 동침한 후 선지자 나단이 그에게 왔을 때] 하나님이여 주의 인자를 따라 내게 은혜를 베푸시며 주의 많은 긍휼을 따라 내 죄악을 지워 주소서 나의 죄악을 말갛게 씻으시며 나의 죄를 깨끗이 제하소서 무릇 나는 내 죄과를 아오니 내 죄가 항상 내 앞에 있나이다 내가 주께만 범죄하여 주의 목전에 악을 행하였사오니 주께서 말씀하실 때에 의로우시다 하고 주께서 심판하실 때에 순전하시다 하리이다 내가 죄악 중에서 출생하였음이여 어머니가 죄 중에서 나를 잉태하였나이다(시 51:1-5).

심지어 아들 압살롬을 피해 도망가는 중에 베냐민 사람 시므이가 그를 저주했을 때도, 다윗은 그 저주조차 하나님의 허락 아래 일어난 일로 받아들였다. 그렇기에 그의 군장들이 시므이를 죽이려는 것을 막으며, 하나님은 항상 옳으시다는 그의 신념을 다시 보여 주었다.

시므이가 저주하는 가운데 이와 같이 말하니라 피를 흘린 자여 사악한 자여 가거라 가거라 사울의 족속의 모든 피를 여호와께서 네게로 돌리셨도다 … 스루야의 아들 아비새가 왕께 여짜오되 이 죽은 개가 어찌 내 주 왕을 저주하리이까 청하건

> 대 내가 건너가서 그의 머리를 베게 하소서 하니 왕이 이르되 스루야의 아들들아 내가 너희와 무슨 상관이 있느냐 그가 저주하는 것은 여호와께서 그에게 다윗을 저주하라 하심이니 네가 어찌 그리하였느냐 할 자가 누구겠느냐 하고 … 여호와께서 그에게 명령하신 것이니 그가 저주하게 버려두라 혹시 여호와께서 나의 원통함을 감찰하시리니 오늘 그 저주 때문에 여호와께서 선으로 내게 갚아 주시리라 하고(삼하 16:7-12).

보통 사람들은 나쁜 일이 벌어지면 가장 먼저 이유를 묻는다. 이유를 묻는 목적은 주로 책임 소재를 가려 내고, 누가 비난받아야 하는지를 찾아 분노를 풀기 위함이다. 그리고 더 비난할 사람이 없을 때, 사람들은 결국 하나님께 원망의 화살을 돌린다.

그러나 다윗은 그런 방식으로 상황에 반응하지 않았다.

왜 그런 일이 벌어졌으며 하나님은 무엇을 하고 계셨는가?

하나님은 왜 그런 일이 일어나기 전에 미리 막아주시지 않았는가?

다윗은 이와 같은 질문들로 자신의 삶을 낭비하지 않았다. 대신, 그는 문제가 생길 때마다 언제나 하나님 앞에서 자신의 부족함을 돌아보며 회개했다. 절망의 순간에도 더 큰 재앙에서 자신을 건지신 하나님을 찬양했고, 하나님께 돌아가면 회복시켜 주실 것을 믿었다. 다윗은 언제나 하나님이 하시는 일은 옳다라는 것을 확신했기 때문이다.

최초의 인간이 선악과를 따 먹은 이후, 인간은 선과 악을 스스로 정의하며, 심지어 '하나님이 틀리셨다', '하나님은 왜 이렇게 일하시는가'라며 하나님을 판단하고 불평했다. 그러나 다윗은 선과 악의 문제에 있어 타협이 없었다. 그는 '하나님은 선하시며, 그러므로 하나님이 선하다고 결정하시는 것이 선이며 결국 하나님이 하시는 일은 모두 선하다'라는 전제를 언제나 굳게 붙들었다.

그렇기에 다윗에게 중요한 것은 인구 조사 사건의 원인이 아니라 그 일을 어떻게 대처하느냐 하는 자신의 태도였다.

게다가 이번 인구 조사 사건에서 다윗의 회개는 이전 밧세바 사건과는 사뭇 다른 양상을 보였다. 밧세바 사건 당시, 다윗은 자신의 잘못을 스스로 깨닫지 못했다.

하나님의 뜻을 어기는 일에 누구보다 민감했던 그였지만, 그때만큼은 왕으로서 자신에게 허용된 권리라고 여겼던 듯하다. 그래서 그는 자신의 행동을 죄로 인식하지 못한 채, 우리야를 전쟁터에서 죽게 만들었고, 이후 아무 일도 없던 것처럼 밧세바를 자신의 아내로 맞이했다. 그후, 선지자 나단이 찾아와 부자와 가난한 자의 양에 대한 비유로 그의 죄를 지적했을 때에야 비로소 다윗은 자신의 잘못을 깨닫고 회개했다.

하지만, 인구 조사 사건에서는 달랐다. 선지자의 지적이 있기 전에, 인구 조사가 끝나자마자 다윗은 스스로 잘못을 깨닫고 자책하며 하나님께 회개했다. 이후, 선지자 갓이 그를 찾아와 하나님의 말씀을 전한 것은 후속 조치였을 뿐, 이미 다윗은 자신의 죄를 인정하고 하나님 앞에 엎드려 있었다.

밧세바 사건과 인구 조사의 사건 사이에 있었던 모든 일, 다윗이 겪은 가족사의 비극과 인생의 고난이 그를 더욱 성숙하게 만들었다. 이제 다윗은 누군가의 지적 없이도 스스로 자신을 돌아보며 회개하는 사람이 된 것이다.

4. 책임지는 왕 다윗

다윗이 회개하자 하나님은 선지자 갓을 통해 다윗에게 세 가지 재앙 중 하나를 선택하게 하셨다. 이 재앙의 사건 때 다윗이 보인 반응 역시 '하나님 마음에 합한 자'인 다윗이 어떤 사람인지를 분명히 보여 준다. 그는 하나님이 항상 옳으시다는 것을 인정하며 회개하는 사람이었을 뿐만 아니라, 그 옳으신 하나님의 통치를 의지하고 그 뜻에 순종하는 사람이었다.

> 갓이 다윗에게 이르러 아뢰어 이르되 왕의 땅에 칠 년 기근이 있을 것이니이까 혹은 왕이 왕의 원수에게 쫓겨 석 달 동안 그들 앞에서 도망하실 것이니이까 혹은 왕의 땅에 사흘 동안 전염병이 있을 것이니이까 왕은 생각하여 보고 나를 보내신 이에게 무엇을 대답하게 하소서 하는지라 다윗이 갓에게 이르되 내가 고통 중에 있도다 청하건대 여호와께서는 긍휼이 크시니 우리가 여호와의 손에 빠지고 내가 사람의 손에 빠지지 아니하기를 원하노라 하는지라 이에 여호와께서 그 아침부터 정하신 때까지 전염병을 이스라엘에게 내리시니 단에서부터 브엘세바까지 백성의

> 죽은 자가 칠만 명이라(삼하 24:13-15).

선지자 갓이 준 세 가지 선택지에는 좋은 옵션이 없었다. 죄란 그런 것이다. 죄란 적당한 사과, 후회, 심지어 회개로도 사라지지 않는다. 다윗은 밧세바 사건 이후 죄가 가져오는 대가가 얼마나 혹독한지 뼈저리게 경험한 사람이었다. 그래서 선지자 갓이 제시한 어려운 선택의 순간에 다윗은 이렇게 부르짖었다.

> 우리가 여호와의 손에 빠지고 내가 사람의 손에 빠지지 아니하기를 원하노라 (삼하 24:14).

그러나 여호와의 손에 빠진 결과로도 참혹한 벌은 피할 수 없었다. 이스라엘 백성 가운데 칠만 명이 죽었고, 그것은 시작에 불과했다. 천사가 칼을 들어 예루살렘을 멸망시키려 하고 있었다(삼하 24:16). 이런 급박한 상황에서 다윗은 결단을 내려야 했다.

> 다윗이 백성을 치는 천사를 보고 곧 여호와께 아뢰어 이르되 나는 범죄하였고 악을 행하였거니와 이 양 무리는 무엇을 행하였나이까 청하건대 주의 손으로 나와 내 아버지의 집을 치소서 하니라(삼하 24:17).

이때 다윗이 드린 기도는 매우 중요하다. 다윗은 백성의 고난과 멸망의 위기 앞에서 한 가지 중요한 결단을 내렸는데, 바로 자신과 가족의 생명을 백성을 위해 희생하기로 한 것이다.

> 주의 손으로 (이 백성 대신에) 나와 내 아버지의 집을 치소서(삼하 24:17).

희생이라는 개념은 신약 시대를 살아가는 우리에게는 익숙하지만, 구약성경에서는 매우 드물게 등장한다. 의붓동생 베냐민을 대신해 자신이 종이 되겠다고 자청한 유다(창 44:33), 그리고 백성을 멸하려 하시는 하나님께 "자기 이름을 생명책에서 지워달라"(출 32:32)고 기도했던 모세 정도가 구약에서 찾을 수 있는 희생의 예들이다.

이제 다윗은 이 드문 희생의 계보를 잇는 인물이 되었다. 그러나 유다나 모세와 달리, 다윗은 자신뿐만 아니라 자기 가족까지도 희생하겠다고 결단했다. 자기 자신을 희생하는 것도 쉽지 않지만, 자기 가족까지 희생한다는 것은 전혀 다른 차원의 결단이다.

많은 사람이 자신을 희생하는 이유는 가족을 지키기 위해서다. 만약 세상과 가족 중 하나를 선택해야 한다면, 대부분 세상을 포기하고 가족을 지키는 희생을 선택할 것이다. 왜냐하면, 가족은 자기 자신보다도, 그리고 이 세상보다 더 소중한 존재이기 때문이다.

그렇다면 다윗은 왜 자기 자신뿐만 아니라 자기의 집까지 희생하기로 결정했을까?

이 질문에 대한 답이 하나님의 진노가 향한 대상은 이스라엘이었지만, 하나님이 이미 인생의 풍파를 겪고 은퇴를 앞둔 다윗을 다시 불러 격동시키신 이유와 맞닿아 있다.

다윗이 자기와 자기 가족까지 내건 이유는, 그가 왕이었기 때문이다. 왕은 단순한 지도자가 아니라, 백성에게 책임을 지는 존재이다. 그래서 하나님은 이스라엘의 죄에 대해 이스라엘 전체가 아닌 이스라엘의 왕에게 그 책임을 묻기로 하셨다.

또한, 왕의 책임은 결코 왕 개인만의 것이 아니다. 왕은 자기 자신과 자기 집이 함께 그 역할을 감당해야 하기 때문이다. 그렇기에 백성은 자연스럽게 왕을 지도자로, 그리고 왕의 아들을 다음 지도자로 인정하게 된다. 왕의 아들도 마찬가지로, 나라의 운명을 함께 짊어지는 존재이기 때문이다.

사사들의 시대에는 하나님이 이스라엘의 왕이셨고, 이스라엘을 위해 위대한 지도자들을 세워 주셨음에도, 백성은 사무엘에게 왕을 요구했다. 백성이 원했던 것은 단순한 지도자로서의 왕이 아니라 '왕조(王朝)', 즉 세습되는 통치 체제였기 때문이다. 사실 이스라엘이 처음으로 왕을 요구한 것은 사무엘 시대가 아니라 이미 기드온 시대부터였다.

> 그 때에 이스라엘 사람들이 기드온에게 이르되 당신이 우리를 미디안의 손에서 구원하셨으니 당신과 당신의 아들과 당신의 손자가 우리를 다스리소서 하는지라 기드온이 그들에게 이르되 내가 너희를 다스리지 아니하겠고 나의 아들도 너희를 다스리지 아니할 것이요 여호와께서 너희를 다스리시리라 하니라(삿 8:22-23).

이스라엘 백성이 기드온에게 요청한 것은 단순히 "우리를 다스려 달라"라는 말이 아니었다. 기드온은 이미 사사로서 백성을 다스리고 있었다. 그들이 원한 것은 기드온 개인의 지도력이 아니라, 기드온과 그의 자손까지 이어지는 왕조를 세워 지속적으로 이스라엘을 다스려 달라는 요청이었다. 즉, '잠깐 다스리다가 사라지지 말고, 기왕 다스릴 거면 제대로 다스려라. 그리고 책임을 질 거라면 끝까지 져라'라는 의미였다.

같은 맥락에서, 사무엘 시대에 백성이 왕을 요구한 이유도 동일하다. 사무엘은 위대한 선지자이자 지도자였지만, 그의 아들들은 지도자로서의 책임감 없이 아버지의 권력을 이용하는 데에만 관심을 두었다. 이에 백성은 사무엘에게 왕을 요구하며 이렇게 말했다.

> 이스라엘 모든 장로가 모여 라마에 있는 사무엘에게 나아가서 그에게 이르되, 보소서, 당신은 늙고 당신의 아들들은 당신의 길로 행하지 아니하니, 이제 모든 나라와 같이 우리에게 왕을 세워 우리를 다스리게 하소서(삼상 8:4-5).

결국 백성이 바란 것은 세습을 통해 안정적으로 이어지는 지도 체제였다. 바로 여기에 왕정의 핵심이 있다. 왕정에는 '왕자'가 존재한다. 즉, 왕은 자신의 아들, 곧 왕자를 후계자로 세울 수 있으며, 왕자가 미리 정해져 있음으로써 지도자 승계 과정에서의 혼란이나 공백을 줄일 수 있다. 왕과 왕자, 그리고 왕가가 함께 백성을 책임지는 존재가 되는 것이다.

이것이 바로 이스라엘 백성이 '왕'을 요구한 진짜 이유였다. 그들은 단순한 지도자가 아니라, 책임과 통치를 이어 갈 수 있는 지속 가능한 '왕조(王朝)'를 원했던 것이다.

다시 다윗의 선택으로 돌아가 보자. 하나님이 진노하신 대상은 이스라엘 백성이었다. 그러나 하나님은 백성이 아니라, 그들의 왕인 다윗을 격동시키셨다.

만약 다윗이 하나님의 진노가 이스라엘 백성을 향한 것이며, 자신을 격동시키신 것도 자신이 아니라 백성에게 벌을 내리기 위한 수단이었다는 사실을 알고 있었다면, 그는 여전히 "나와 내 아버지의 집을 치소서"라고 희생하는 결정을 내렸을까?

그랬을 것이다. 왜냐하면, 다윗은 왕이 단순히 백성을 다스리는 존재가 아니라, 백성을 책임지는 존재이며, 그 다스림과 책임이 그의 아들을 통해 지속된다는 것을 알고 있었기 때문이다.

다윗은 하나님께서 그와 그의 후손에게 주신 "영원한 언약"(삼하 7장)의 무게를 잘 이해하고 있었다. 하나님은 한 번 왕이었다 끝나버린 사울과 다르게, 다윗에게 그의 왕위가 영원할 것이라 약속하셨다. 이는 단순히 다윗 개인이 왕이 된다는 약속이 아니라, 다윗과 그의 아버지의 집과 그의 나라가 함께 보전될 것이라는 약속이었다.

그러나 그 위대한 약속 이후, 다윗은 밧세바 사건을 일으켰고, 그의 집안은 피와 보복이 난무하는 쑥대밭이 되었다. 그런데도 하나님은 다윗에게 하신 언약을 끝까지 지키셨다. 다윗이 잘못했지만 그 잘못으로 인해 다윗이 망하거나 다윗과 그의 자손들에게 하나님이 하신 약속이 취소되지 않았다. 다윗의 왕이신 하나님이 그의 신하인 다윗에게 책임을 다하셨기 때문이다.

하나님이 다윗에게 하신 약속을 신실하게 지켜내시는 동안 다윗의 인생도 쉽지 않았다. 수많은 고난과 비극이 그를 기다리고 있었고, 죄에는 반드시 대가가 따랐다. 그러나 하나님이 다윗과 함께하시며 다윗으로 하여금 그 대가를 치러내게 하시는 동안, 다윗은 화려했던 그의 인생의 전반기보다 더욱 빛나는 모습을 보여 주었다.

얼핏 다윗의 인생의 후반기, 밧세바 사건 이후는 암울하고 비참해 보인다. 하지만, 그 어둠 속에서 오히려 '하나님 마음에 합한 자' 다윗의 진가가 서서히 드러나고 있었다.

다윗은 인생의 모든 불행과 고통 속에서 단 한 번도 하나님의 옳으심을 의심하지 않았다. 그에게 불행은 하나님의 탓이 아니었다. 그는 모든 문제를 자기의 탓으로 돌렸다. 다윗은 자신의 가족 안에서 벌어진 갈등과 상처까지도 자신의 책임으로 받아들이며, 그로 인한 수치와 고통을 온몸으로 견뎌냈다.

암논이 배다른 누이 다말을 욕보였을 때, 다윗은 분노했다.

> 다윗 왕이 이 모든 일을 듣고 심히 노하니라(삼하 13:21).

그러나 다윗은 그 분노를 쏟지 않았다. 사람이 분노를 억누르는 이유는 분노를 쏟을 힘이 없어서일 때가 많다. 분노한 사람이 힘이 있을 때, 그것은 무섭고 파괴적이 되기 마련이다. 그러나 다윗은 그렇게 하지 않았다. 그는 자신의 분노를 암논이 아니라 자기 자신에게 돌렸다. 그는 아버지였고, 한때 올바른 아버지가 아니어서, 자신의 죄로 인해 태어난 아들을 잃어 본 아버지였다.

아버지로서 다윗은 자식의 죄의 책임을 감당하려 했다. 아버지란 그런 것이다. 자식을 열심히 양육하는 것도 아버지의 책임이지만, 최선을 다한 양육이 실패했을 때조차 그 책임을 끝까지 지는 사람이 아버지다.

아들이 저지른 일에 대한 분노마저 자신에게 돌렸음에도, 상황은 더욱 악화되었다. 그의 결정은 오히려 압살롬의 형제 살인으로 이어졌고, 그 일은 반란으로까지 번졌다. 그러나 최선을 다했지만 상황이 점점 나빠질 때도, 다윗은 하나님을 원망하지 않았다. 그는 자신을 저주한 시므이조차 하나님을 생각하며 살려 주었고, 단 한 번도 하나님이 지나치다며 불평하지 않았다.

제가 한때 실수했다고 해도 이렇게까지 하실 필요는 없지 않습니까?

정말 제게 이러실 겁니까?

이런 말들로 한 번쯤 소리칠 수도 있었겠지만, 다윗은 모든 책임을 고스란히 끌어안고 그의 자리를 지켰다. 그에게 닥친 비극 속에서, 심지어 자기를 죽이려는 아들을 향해서도, 다윗의 입에서 새어 나오는 소리는 고작 이 정도였다.

> 내 아들 압살롬아 내 아들 내 아들 압살롬아 차라리 내가 너를 대신하여 죽었더
> 면, 압살롬 내 아들아 내 아들아(삼하 18:33).

모든 비난을 자신에게 돌리며 인고(忍苦)의 세월을 지나, 다윗은 잘못한 이를 대신해 자신을 내어 놓는 진정한 왕으로 빚어지고 있었다. 책임을 피하려 늘 변명하기 바빴던 사울과 달리, 다윗은 희생하며 책임지는 왕으로 성장하고 있었다. 그리고 그 왕은, 마침내 자신이 창조한 세상을 자기와 자기 집의 희생으로 책임지려는, '왕이신 창조주 하나님'을 닮아가고 있었다.

인류는 끊임없이 죄를 지어 왔지만, 누구도 그 죄를 자신의 몫으로 받아들이지 않았다. 아담과 하와는 죄를 지은 후 서로에게 책임을 전가했고, 동생을 죽인 가인도 가족으로서의 의무를 외면했다.

사람들은 죄를 인정하지 않았고, 그러므로 참된 회개도 없었다. 죄의 종이 된 후, 책임져 주시는 아버지에게서 밀어신 인산에게 죄를 인정하고 책임을 감당하는 것은 너무나 두렵고 떨리는 일이었다.

하나님은 처음부터 인간에게 세상을 다스리고 책임지는 존재로 성장하라 하셨지만, 인간은 타락하여 스스로 선과 악의 기준을 만들며 자신들이 악하지 않다고 주장했고, 결국 늘 변명하거나 원망할 수밖에 없었다. 수많은 말과 논리, 사상이 넘쳤지만, 정작 '내가 책임지겠다'라고 나서는 이는 아무도 없었다.

인간이 망쳐 놓은 세상에서 하나님은 여전히 최선을 다해 회복하려고 노력하고 계셨다. 하지만, 되돌아오는 것은 원망과 의심뿐이었다.

그러나 수없이 인간에게 상처받으시면서도 창조주 하나님은 피하거나 숨지 않으셨다. 오히려 인간이 만들어낸 피와 복수로 얼룩진 역사 한복판에서, 폭력과 잔혹함의 상징인 십자가 위에서, 왕이신 하나님은 마침내 책임지기로 결정하셨다.

자신과 자기 집, 곧 자신의 아들의 희생으로 이 세상의 모든 죄와 상처를 감당하기로 작정하셨다.

아브라함이 이삭을 제사로 바치려 했을 때 하나님은 그 뜻을 확증하셨고, 유다가 미운 의붓동생과 상처만 준 아버지 야곱을 위해 자신을 노예로 내놓았을 때 다시 확인하셨으며, 다윗이 왕으로서 백성의 죄를 대신하기로 결단했을 때 더욱 확실히 하셨다.

역사 내내, 하나님은 하나님의 사람들을 통해 자신이 하실 일을 분명히 계시하고 계셨다.

> 나와 나의 집이, 왕으로서 인간의 죄에 대해 책임을 질 것이다.

이것이 바로 왕이신 하나님이 다윗왕을 격동시키신 이유이다.

> 다윗이어야 한다. 다윗만이 할 수 있다. 내 마음과 같은 마음을 가진 자, 내가 그와 그의 자손으로 내 백성의 왕으로 삼은 자, 다윗이라면 이 일을 최소한의 피해로 끝낼 수 있을 것이다. 그는 책임을 떠맡는 왕이며, 그렇기에 세상의 죄를 떠맡을 왕의 조상이 될 자이다.

5. 아라우나의 타작 마당

다윗이 책임지고 희생하는, 하나님을 닮은 왕으로 자라나자, 하나님은 이스라엘을 향한 벌을 멈추기로 결정하셨다. 하나님은 태초부터 인간이 죄를 지을 때마다, 그 죄의 값을 대신할 희생 제사를 허락하셨다. 죄의 삯은 사망이지만, 하나님은 희생 제사를 통해 그 사망의 벌을 면하게 하는 은혜를 베푸셨다.

이번에도 하나님은 희생 제사를 통해 재앙을 멈추기로 하셨다.

> 이 날에 갓이 다윗에게 이르러 그에게 아뢰되 올라가서 여부스 사람 아라우나의 타작 마당에서 여호와를 위하여 제단을 쌓으소서 하매(삼하 24:18).

하나님이 희생 제사를 드릴 장소로 지정하신 곳은 여부스 사람 아라우나의 타작 마당이었다. 다윗이 그곳으로 가자 아라우나는 왕을 기꺼이 맞이했고, 백성을 위한 제사를 드리려 한다는 말을 듣자 흔쾌히 모든 것을 내어 주려 했다.

> 아라우나가 다윗에게 아뢰되 원하건대 내 주 왕은 좋게 여기시는 대로 취하여 드리소서 번제에 대하여는 소가 있고 땔 나무에 대하여는 마당질 하는 도구와 소의 멍에가 있나이다 왕이여 아라우나가 이것을 다 왕께 드리나이다(삼하 24:22-23).

그러나 다윗은 이를 정중히 거절하며 말했다.

> 왕이 아라우나에게 이르되 그렇지 아니하다 내가 값을 주고 네게서 사리라 값 없이는 내 하나님 여호와께 번제를 드리지 아니하리라(삼하 24:24).

다윗은 은 오십 세겔을 주고 타작 마당과 소를 산 뒤, 그곳에서 제단을 쌓고 번제와 화목제를 드렸다. 이에 여호와께서 그 땅을 위한 다윗의 기도를 들으셨고, 이스라엘에 내린 재앙이 멈추었다.

다윗과 아라우나의 대화는 구약성경의 여러 장면을 떠올리게 한다. 아라우나가 제사에 필요한 소와 도구를 기꺼이 드리려 했던 모습은, 엘리야를 따르기로 결단한 엘리사가 소를 잡고 그 기구를 불살라 하나님께 드렸던 장면을 연상시킨다(왕상 19:21).

또한, 다윗이 아라우나의 호의를 거절하고 반드시 값을 치르겠다고 고집한 장면은, 아브라함이 아내 사라의 매장지로 막벨라 굴과 밭을 돈으로 샀던 사건(창 23장)을 떠올리게 한다.

아브라함과 다윗 모두 존경받는 인물이었고, 헷 족속 에브론과 여부스 사람 아라우나 역시 그들에게 기꺼이 땅을 제공했지만, 두 사람은 제값을 치르고 그 땅을 구입했다. 아브라함과 다윗 모두 중요한 것은 대가를 치르지 않고 받을 수 없으며, 특히 하나님께 드리는 것은 반드시 값을 치러야 한다는 것을 깊이 인식하고 있었다.

이 원칙은 곧 죄의 대가를 치르고 생명을 구원하는 복음의 핵심 원리와도 맞닿아 있다. 전지전능하신 하나님도 인간을 구원하시며, 단순히 "너의 죄를 용서하노라"라고 선포하지 않으셨다.

하나님은 가장 귀한 아들 예수 그리스도를 희생 제물로 내어 주심으로써 그 값을 친히 지불하셨다. 그래서 복음서, 아니 성경 전체의 요약이라 할 수 있는 요한복음 3장 16절은 이렇게 선포한다.

> 하나님이 세상을 이처럼 사랑하사 독생자를 주셨으니, 이는 그를 믿는 자마다 멸망하지 않고 영생을 얻게 하려 하심이라(요 3:16).

이렇게 다윗이 왕으로서의 책임을 지고 자신과 자신의 가족의 희생을 감수하려 했던 이 사건은, 또 하나의 놀라운 결말을 맞이한다. 바로 이 아라우나의 타작 마당이 이스라엘 역사상 가장 중요한 장소인 '예루살렘 성전'이 세워지는 장소가 된 것이다.

> 솔로몬이 예루살렘 모리아 산에 여호와의 전 건축하기를 시작하니 그 곳은 전에 여호와께서 그의 아버지 다윗에게 나타나신 곳이요 여부스 사람 오르난의 타작 마당에 다윗이 정한 곳이라(대하 3:1).

성전은 예배하고 제사를 드리는 곳이다. 그곳에서 백성의 죄가 사해지고 하나님과의 관계가 회복된다. 하나님이 다윗을 통해 이스라엘과 화해하신 바로 그 장소, 아라우나의 타작 마당이 성전이 된 것은 어쩌면 너무나 자연스런 결과였다.

하나님이 다윗의 희생을 통해 이스라엘을 용서하신 것처럼, 앞으로 이 성전에서 드려질 희생 제사들을 통해 이스라엘 백성은 죄 사함을 받고 하나님과의 관계를 회복할 것이다.

그리고 궁극적으로 이 성전이 가리키는 것은 장차 오실 메시아, 즉 예수 그리스도께서 단번에 드리신 완전한 희생이다.

> 오직 그리스도는 영원한 속죄를 이루사, 단번에 성소에 들어가셨느니라(히 9:12).

이렇게 하나님은 다윗의 책임과 희생을 통해 더 크고 완전한 구원의 그림을 그리고 계셨다. 이 사건의 시작은 저주였다. 이스라엘은 죄를 범했고, 하나님은 그 죄에 진노하셨으며, 하나님의 정의를 위해 반드시 누군가 그 죄의 대가를 치러야 했다.

그때 하나님은 다윗을 택하셨다.

아니, 이 일을 다윗에게 맡기시기 위해 하나님은 아주 오래전, 다윗이 아직 목동으로 있을 때부터, 혹은 그가 어머니의 태 속에 있기 전부터 그를 택하시고 준비시키셨다.

하나님은 다윗이 골리앗을 이기게 하셨고, 사울의 질투를 받아 도망자로 살게 하셨으며, 억울함과 위기, 죄와 책임, 반역과 죽음, 슬픔과 인내를 통해 다윗을 단련시키시고 훈련하셨다.

그리고 마침내, 다윗은 이스라엘의 저주와 징벌의 시간을 영광과 축복의 상징인 '예루살렘 성전'을 준비하는 시간으로 바꾸는 사람, 이스라엘의 진정한 왕이 되었다.

그래서 신약의 첫 구절은 이렇게 시작한다.

> 아브라함과 다윗의 자손 예수 그리스도의 세계라(마 1:1).

다윗의 이름은 아브라함과 함께 구세주 예수 그리스도의 족보의 중심에 올랐다. 하나님은 다윗을 택하시고 훈련하시며, 그의 삶을 통해 위대한 구원의 길을 여셨다. 그러나 하나님께서 다윗을 부르시고 사용하시는 방식은 우리가 흔히 기대하는 은혜의 모습과는 사뭇 달랐다.

우리는 일상의 삶 속에서 우리의 고통을 덜어 주시고 어려움을 해결해 주시는 하나님만을 기대하지만, 다윗의 삶을 통해 드러난 하나님은 낯설고도 깊은 사랑의 방식으로 일하신다.

이 낯선 하나님은 단지 우리를 보호하시는 분이 아니라, 우리를 하나님의 일에 초청하시고 참여시키시며, 고난과 희생을 통해 생명과 구원을 이루는 창조주의 형상을 연습하게 하신다.

그분은 세상의 죄를 대신 짊어지고 십자가를 향해 나아가신 왕이시며, 또한 우리를 그 왕의 길로 부르시는 아버지 하나님이시다.

> 여호와께서 사탄에게 이르시되 네가 내 종 욥을 유의하여 보았느냐 그와 같이 순전하고 정직하여 하나님을 경외하며 악에서 떠난 자가 세상에 없느니라 네가 나를 격동하여 까닭 없이 그를 치게 하였어도 그가 여전히 자기의 순전을 굳게 지켰느니라(욥 2:3).

# 제5장

하나님은 왜 사탄에게 격동당하셨는가?

단련하시는 하나님
욥기 2장: 사탄과의 내기

1. 욥기 소개

욥기의 주인공 욥은 우스 땅 사람이다. 그는 아브라함과 동시대, 혹은 족장들이 활동하던 시기의 인물로 여겨지지만, 그가 언제 어디서 태어났는지는 크게 중요하지 않다. 욥이 특정 역사 속 실제 인물이 아니라 문학 작품에 등장하는 주인공이기 때문이다.

욥기는 구약성경의 네 부분인 율법서, 역사서, 성문서, 예언서 중 세 번째인 성문서에 속한다. 성문서에는 욥기, 시편, 잠언, 전도서, 아가 등 다섯 권의 책이 포함되어 있다. 욥기가 문학 작품인 성문서에 속한다는 것은, 이 책이 특정 시대나 장소에 국한된 역사적 기록이 아니라, 보편적으로 인류가 경험할 수 있는 주제를 다루고 있음을 의미한다. 욥기는 단순히 사건을 나열하거나 기록한 책이 아니라, 특정한 주제를 전달하기 위해 의도적으로 쓰인 문학 작품이다.

욥기는 성경에서 가장 이해하기 어려운 책 중 하나로 꼽힌다. 그 이유는 크게 세 가지로 볼 수 있다.

첫째, 욥기의 히브리어 원문에는 다른 성경에서는 찾아보기 힘든 희귀한 단어들이 많이 사용되어 번역이 어렵다.

둘째, 욥기는 구약에서 드물게 등장하는 '의인의 고통'이라는 심오한 주제를 다루며, 인간의 고난과 하나님의 정의에 대한 근본적인 질문을 던진다.

셋째, 욥기는 단순한 이야기 형식이 아니라, 등장인물들 간의 신학적 논쟁을 통해 주제를 전개한다는 점에서 이해하기가 더욱 어렵다.

욥기의 구조는 네 부분으로 나눌 수 있다.

- 서론(욥 1-2장)에서는 하나님과 사탄의 대화와 욥의 재앙이 소개된다.
- 본문(욥 3-37장)에서는 욥과 친구들의 대화가 이어진다.
- 결론(욥 38-42장)에서는 하나님과 욥이 직접 대화한다.
- 에필로그(욥 42:10-17)에서는 욥의 회복이 그려진다.

그러나 문제는 이 네 부분이 반드시 일관되게 연결되지 않고, 때로는 서로 상충되는 모습을 보이기도 한다는 점이다. 더구나 인물들마다 각각의 논리와 신학적 입장을 내세워 논쟁을 벌이기 때문에, 독자는 누구의 말이 옳은지, 어떤 관점을 따라가야 할지 쉽게 판단하기 어렵다.

그러나 이러한 복잡성과 논쟁적 구조야말로 욥기의 깊이를 더하는 요소이다. 욥기는 "의인은 상을 받고 악인은 벌을 받는다"라는 전통적인 인과응보의 논리를 단순한 답으로 제시하지 않는다. 오히려 '의인의 고통'이라는 난해한 문제를 다양한 관점에서 탐구하며, 독자로 하여금 삶과 고통에 대한 깊은 성찰로 나아가게 한다.

19세기 미국 낭만주의 시인 사무엘 테일러 콜리지(Samuel Taylor Coleridge)는 욥기를 인류 최고의 문학 작품이라고 극찬했다. 욥기가 없었다면, 성경은 고통의 문제를 지금과 같은 깊이와 다양성으로 다루지 못했을 것이다. 욥기는 단순한 종교적 교훈을 넘어, 인간의 고통과 신앙, 그리고 하나님의 주권에 대한 근본적인 질문을 던지는 불후의 명작이다.

욥기를 읽으며 탐구할 주요 문제들은 다음과 같다.

- 하나님은 욥이 의인이라고 말씀하시지만(욥 1:8), 사탄은 욥이 의인이 아니라고 주장한다(욥 1:9-11).
- 하나님이 사탄에게 격동되어(스스로 격동되었다고 말씀하셨다: 욥 2:3) 의인인 욥이 까닭 없이 고통을 당하게 되었다.
- 서론에서 욥이 하나님을 원망하지 않았다고 기록되었지만(욥 1:20-22), 본문인 3장부터는 욥의 원망이 가득하다.
- 결론에서 하나님은 원망을 쏟아낸 욥이 아니라, 하나님을 변론했던 욥의 친구들에게 진노하셨다(욥 42:7-8).

2. 하나님과 사탄

• **하나님은 욥이 의인이라고 말씀하시지만**(욥 1:8), **사탄은 욥이 의인이 아니라고 주장한다**(욥 1:9-11).

욥기는 총 42장으로 구성되어 있으며, 서론인 욥기 1-2장에서 이야기의 시작과 배경이 제공된다. 서론은 먼저 욥이 어떤 사람인지를 소개하는데, 그는 "온전하고 정직하여 하나님을 경외하며 악에서 떠난 자"(욥 1:1)로 묘사된다. 하나님께서도 이 소개를 확증하시며 "그(욥)와 같이 온전하고 정직하여 하나님을 경외하며 악에서 떠난 자는 세상에 없다"(욥 1:8)라고 말씀하신다.

> 우스 땅에 욥이라 불리는 사람이 있었는데 그 사람은 온전하고 정직하여 하나님을 경외하며 악에서 떠난 자더라 … 하루는 하나님의 아들들이 와서 여호와 앞에 섰고 사탄도 그들 가운데에 온지라 여호와께서 사탄에게 이르시되 네가 어디서 왔느냐 사탄이 여호와께 대답하여 이르되 땅을 두루 돌아 여기저기 다녀왔나이다 여호와께서 사탄에게 이르시되 네가 내 종 욥을 주의하여 보았느냐 그와 같이 온전하고 정직하여 하나님을 경외하며 악에서 떠난 자는 세상에 없느니라(욥 1:1-8).

서론에서 욥의 의로움에 대해 화자와 하나님이 각각 욥기 1장 1절과 1장 8절에서 반복하여 두 번 말하고 있으므로, 독자들은 욥이 정말로 온전하고 정직하며 하나님을 경외하고 악에서 떠난 자라는 것을 확신하게 된다. 그러나 이 반복에는 중요한 차이가 있다.

욥기 1장 1절에서 화자는 욥이 의인이라고 설명하며 독자에게 정보를 전달하기 위해 서술하는 반면, 1장 8절에서 하나님은 "욥과 같이 온전하고 정직하여 하나님을 경외하고 악에서 떠난 자는 세상에 없다"라고 사탄에게 말씀하시며, 욥을 자랑하신다.

같은 말이라도 누구 앞에서 어떻게 말하는가에 따라 그 의미는 크게 달라진다.

사탄이 누구인가?

그는 창세기 3장에서 사람을 유혹해 타락하게 만든 뱀(창 3장; 계 12:9)이며, 두루 다니며 사람들의 흠을 잡아 참소하는 자(슥 3:1; 벧전 5:8; 계 12:10), 거짓말하는 영(왕상 22:22; 요 8:44)이다.

사탄의 본질에 대한 탐구는 또 다른 신학적 논의로 미뤄야겠지만, 중요한 점은 그가 하나님이 창조하신 인간을 시기하며 인간이 잘못되기를 바라는 존재라는 사실이다. 초대 교부 이레니우스는 인간의 타락이 하나님과 인간 사이의 특별한 관계를 시기한 천사에 의해 발생했다고 추측한 바 있다.[1]

바로 그 사탄 앞에서, 사탄이 막 "땅을 두루 돌아 여기저기 다녀왔나이다"(욥 1:7)라고 보고하는 순간, 하나님은 그 사탄의 보고에 대한 반응으로 "욥과 같이 온전하고 정직하여 하나님을 경외하며 악에서

---

1 후스토 L. 곤잘레스, 『초대 교회사』, 엄성옥 옮김 (서울: 은성출판사, 2012), 127. Justo L. Gonzalez, *The Story of Christianity, Vol. 1: The Early Church to the Reformation* (New York, NY: HarperCollins, 2010), 85.

떠난 자가 세상에 없느니라"(욥 1:8)라고 욥에 대해 자랑하신 것이다.

하나님이 하신 이 말씀은 방금 세상을 두루 돌아다니며 인간은 온전하지도 정직하지도 않다는 사실을 확인한 사탄에게 명백한 도전이었다. 하나님은 세상을 부정적으로만 바라보는 사탄에게 욥을 예로 들며, 당신이 만드신 세상을 자랑하시거나 최소한 사탄의 시각이 틀렸음을 지적하신 것이다. 아마도 하나님이 욥에 대해 사탄에게 하신 말씀은 다음과 같은 의미를 담고 있었을 것이다.

> 사탄아, 너는 내가 사람을 나의 형상으로 만든 것에 대해 늘 불만이 많지 않았느냐?
> 그래, 세상을 두루 다녀봤더니 어떻더냐?
> 내가 만든 사람들이 다 네 생각처럼 엉망이더냐?
>
> 네 생각과는 다르게, 사람들 중에는 욥과 같은 의인도 있단다.
> 네가 아무리 사람들의 흠을 잡아 참소하려 해도, 욥은 네가 어찌할 수 없는 온전한 의인이란다.

혹은

> 사탄아, 너는 왜 늘 그렇게 할 일없이 삐딱하게 세상을 배회하고 다니느냐?

욥을 좀 보아라. 너는 늘 사람들의 허물을 찾아 고소하려고만 하지만, 욥은 이 세상에서 그 누구보다, 심지어 너나 다른 천사들보다도 더 의로운 사람이란다.

좀 보고 배워야 하지 않겠느냐?

마치 이런 추측이 맞는듯, 사탄은 곧바로 하나님의 말씀에 이의를 제기하기 시작한다.

> 사탄이 여호와께 대답하여 이르되 욥이 어찌 까닭 없이 하나님을 경외하리이까 주께서 그와 그의 집과 그의 모든 소유물을 울타리로 두르심 때문이 아니니이까 주께서 그의 손으로 하는 바를 복되게 하사 그의 소유물이 땅에 넘치게 하셨음이 니이다 이제 주의 손을 펴서 그의 모든 소유물을 치소서 그리하시면 틀림없이 주를 향하여 욕하지 않겠나이까(욥 1:9-11).

사탄의 말을 다시 풀어 쓰면, 그는 이렇게 주장하는 셈이다.

> 욥이 의인이라구요?
> 천만에 말씀입니다. 제가 세상을 두루 다니며 사람들을 살펴보았는데, 사람들은 다 그 밥에 그 나물입니다. 진정한 의인은 한 명도 없습니다. 모두 상황에 따라 행동할 뿐입니다. 사람들이 의롭고 정직하게 행동한다면, 그건 그들이 좋은 상황에 처해 있고 하나님의 축복을 누리고 있기 때문입니다.

하지만, 상황이 나빠지고 어려움이 닥쳐도 하나님께 감사하고 찬양하는 사람은 하나도 없습니다. 하나님이 사람을 하나님의 형상대로 만드셨다고 해도, 하나님을 닮은 사람은 없습니다. 그 누구도 하나님의 성품인 '한결같은 사랑(헤세드)'을 지니고 있지 않습니다.

구약성경에서 이스라엘이 찬양하고 의지한 하나님의 대표적인 성품은 바로 이 '한결같이 신실하신 사랑', 히브리어로 '헤세드'(hesed)이다(출 20:6; 34:6-7; 시 103:17; 136장). 히브리어 헤세드는 한국어로 '인자하심'이나 '자비하심' 혹은 '은혜'라고 번역되며, 영어로는 'steadfast love'(신실한 사랑), 'everlasting love'(영원한 사랑), 'unfailing love'(실패하지 않는 사랑) 등으로 표현된다. 이 영어 번역들이 헤세드의 특징을 잘 드러낸다.

왜냐하면, 헤세드는 단순한 사랑과 은혜가 아니라 '조건 없이 변함없이 지속되는 신실한 사랑'을 의미하기 때문이다. 사람의 감정과 태도는 상황과 환경, 그리고 타인의 반응에 따라 쉽게 변하지만, 헤세드는 시간이나 조건에 영향받지 않는 변함없이 신실한 사랑과 은혜를 뜻한다.

사탄의 논점은 분명하다. 사람은 상황에 따라 행동하고 반응하기 때문에 하나님이 축복을 주시면 감사하며 의롭게 살 수도 있지만, 그 축복이 거두어지고 고난이 닥치면 하나님을 더 이상 의지하지 못하고 결국 의롭게 살 수도 없다는 것이다.

결국, 욥기의 서론에서 나타난 하나님과 사탄의 욥에 대한 이해의 차이는 '수준의 차이'에 있다. 하나님과 사탄 모두 욥이 현재 하나님의 축복 속에서 의롭게 살고 있다는 사실에는 동의한다. 그러나 사탄은 그러한 의로움이 한낱 '인간 수준의 의로움'에 불과하다고 본다. 그 의로움은 상황이 좋을 때만 유지되는 조건적 의로움이지, 상황과 상대방의 반응에 상관없이 항상 신실한 하나님의 성품인 헤세드의 의로움, 즉 '하나님 수준의 의로움'은 아니라는 것이다.

이 때문에 사탄은 욥이 과연 하나님 수준의 의로움을 가진 자인지 시험하기 위해 욥의 상황을 하나님의 축복이 느껴지지 않는 상태로 뒤집어 보자고 제안한다. 그리고 하나님은 사탄의 이 제안을 수락하신다.

3. 욥의 고난의 이유

- 하나님이 사탄에게 격동되어(스스로 격동되었다고 말씀하셨다: 욥 2:3) 의인인 욥이 까닭 없이 고통을 당하게 되었다.

욥기를 읽는 독자들이 가장 당혹스러워하는 문제는, 전능하시고 의로우신 하나님께서 사탄에게 격동되신 것처럼 보인다는 점이다. 욥기 2장 3절에서 하나님은 사탄이 자신을 격동시켜 까닭 없이 욥이 고통을 당하게 하였다고 말씀하셨다. 이것은 깊은 신학적 질문을 제기한다.

하나님께서 정말로 사탄의 격동을 받으셔서 아무 이유 없이 욥이 고난을 당하도록 하신 것인가?
어떻게 하나님이 사탄에게 영향을 받을 수 있는가?
어떻게 하나님이 까닭 없이 누군가를 고통받게 하신다는 말인가?
우리가 알고 있는 하나님, 구약성경 전체에서 묘사된 하나님은 항상 계획을 가지고 계시며, 섭리 가운데 모든 것을 주권적으로 다스리시는 분이 아닌가?

그러나 하나님과 사탄의 대화를 면밀히 살펴보면, 전혀 다른 질문이 떠오른다.
과연 누가 누구를 격동한 것인가?
사탄이 하나님을 격동한 것인가, 아니면 오히려 하나님께서 사탄을 격동하신 것인가?
흔히 사탄이 하나님께 욥의 이야기를 꺼내며 도발한 것으로 생각하기 쉽지만, 성경 본문을 잘 살펴보면 실제로는 그 반대다. 사탄이 하나님께 먼저 와서 욥의 이야기를 꺼내며 하나님을 자극한 것이 아니다. 오히려 가만히 있던 사탄, 방금 "땅을 두루 돌아 여기저기 다녀왔나이다"(욥 1:7)라고 보고하는 사탄에게, 하나님이 먼저 욥의 이야기를 꺼내며 사탄을 자극하신 것이다.
하나님은 사탄에게 인간의 죄악과 의롭지 못함을 고발하는 그의 태도와는 달리, 욥과 같은 의인이 존재함을 언급하셨다. 이는 사탄의 기본적인 세계관, 즉 '모든 인간은 의롭지 않다'라는 전제에 정면으로 도전하는 발언이었다. 결과적으로, 하나님의 말씀은 사탄을 격동시키는 역할을 하게 된 것이다.

사탄은 욥이 자기가 생각하는 이 세상 사람들과 다르다는 하나님의 말씀에, 혹은 더 심하게는 욥을 예로 들며 자신이 틀렸음을 꾸짖는 듯한 말씀에, 즉각 반응했다. 더 나아가 욥이 정말 의로운지 시험하자는 내기를 제안하며, 하나님이 틀렸다는 것을 입증하려 들었다.

흥미로운 점은 하나님이 이 제안을 즉각 수락하셨다는 사실이다. 마치 이 상황을 기다리고 계셨던 것처럼 말이다.

> 이제 주의 손을 펴서 그의 모든 소유물을 치소서 그리하시면 틀림없이 주를 향하여 욕하지 않겠나이까 여호와께서 사탄에게 이르시되 내가 그의 소유물을 다 네 손에 맡기노라 (욥 1:11-12).

만약 하나님이 처음부터 사탄의 반응을 예상하시고 욥의 이야기를 먼저 꺼내심으로써, 사탄이 내기를 제안하도록 유도하셨다면 그 이유는 무엇일까?

그 이유가 무엇이든, 단순히 사탄과의 내기에서 이기려 하심이 아님은 분명하다. 사탄이 하나님의 견해에 도전하며 욥의 의로움에 대해 내기를 시작한 것이 아니라, 오히려 하나님께서 욥을 통해 이루시고자 하는 어떤 목적이 있으셔서 사탄을 격동시켜 욥에 대해 도전하게 하신 것이다.

아마 그 목적은 욥기의 저자에게조차 무겁고 조심스러운 주제였을 것이다. 전통적인 인과응보에 기인하는 하나님의 정의(Theodicy)에 대해 깊은 신학적인 부담을 안겨주는 내용이기 때문이다. 그래서 저자는 이를 천상의 하나님과 사탄 간의 대화라는 형식을 통해 간접적으로 표현하며, 독자들에게 질문을 던지는 방식을 택했다.

그러나 분명한 것은, 하나님이 욥에게 허락하신 고통은 단순한 시험이나 징벌이 아니었다. 그것은 사람들이 흔히 생각하는 권선징악, 인과응보 등의 원칙들을 초월하여, 이 세상의 예외적인 사건들에 대한 이해, 더 근본적으로는 하나님이 목적하시는 인생이 무엇인가를 이해하는 깊은 신앙의 여정이었다.

이렇게 생각할 수도 있다. 부모는 자녀의 성장을 위해서라면 무엇이든 감수할 준비가 되어 있다. 어떤 일이 자녀에게 도움이 된다면, 부모는 심지어 자신이 오해받고 악역으로 비쳐지는 일도 기꺼이 감수한다.

하나님 또한 욥을 위해, 지금 사탄에게 격동되었다는 오해를 감수하시면서까지 무엇인가를 이루려고 하고 계신 것이 아닐까?

하나님께서 욥을 통해 이루시려는 일이 무엇인지 확인하려면, 고통을 통과한 이후 욥에게 어떤 변화가 일어났는지 살펴봐야 한다. 그러나 이는 욥기의 결말에 이르러야 온전히 드러난다. 그러므로 지금은 욥이 겪는 고난의 한가운데로 들어가 그와 친구들 사이의 논쟁을 먼저 살펴보자.

4. 고통의 폭풍 속에서

· 서론에서 욥이 하나님을 원망하지 않았다고 기록되었지만 (욥 1:20-22), 3장부터 시작하는 본문에서는 욥의 원망이 가득하다.

하나님과 사탄의 내기가 시작되자, 드디어 욥의 의로움을 시험하기 위해 사탄이 행동에 나섰다. 하나님의 축복과 보호가 사라진 상황, 재난과 고통 속에서 욥이 어떻게 반응하는지를 지켜보게 된 것이다. 사탄은 재앙을 보내어 욥을 시험했다. 욥은 하루아침에 모든 재산을 잃었을 뿐만 아니라, 하인들과 자녀들까지 잃는 비극을 겪는다.

이러한 극심한 고난 속에서 욥이 보인 반응을 살펴보면, 일단은 사탄보다는 하나님이 옳았던 것처럼 보인다. 욥은 재난과 슬픔 속에서도 하나님을 원망하거나 믿음을 저버리지 않았다.

> 욥이 일어나 겉옷을 찢고 머리털을 밀고 땅에 엎드려 예배하며 이르되 내가 모태에서 알몸으로 나왔사온즉 또한 알몸이 그리로 돌아갈지라 주신 이도 여호와시요 거두신 이도 여호와시오니 여호와의 이름이 찬송을 받으실지니이다 하고 이 모든 일에 욥이 범죄하지 아니하고 하나님을 향하여 원망하지 아니하니라(욥 1:20-22).

욥이 고난 속에서 범죄하지 않고 하나님을 원망하지 않자, 사탄은 이번에는 욥의 몸을 치면 그가 하나님을 욕할 것이라고 주장했다.

이에 하나님의 허락을 받은 사탄은 욥의 몸을 쳤고, 욥은 온몸에 종기가 나서 질그릇 조각으로 몸을 긁어야 할 정도의 극심한 고통을 겪는다. 이때 욥의 아내는 욥에게 온전함을 포기하고 하나님을 저주하며 죽으라고 퍼붓는다. 그러나 욥은 여전히 하나님을 원망하지 않았으며, 성경은 그가 이 모든 상황에서도 죄를 범하지 않았다고 기록한다.

> 욥이 재 가운데 앉아서 질그릇 조각을 가져다가 몸을 긁고 있더니 그의 아내가 그에게 이르되 당신이 그래도 자기의 온전함을 굳게 지키느냐 하나님을 욕하고 죽으라 그가 이르되 그대의 말이 한 어리석은 여자의 말 같도다 우리가 하나님께 복을 받았은즉 화도 받지 아니하겠느냐 하고 이 모든 일에 욥이 입술로 범죄하지 아니하니라(욥 2:8-10).

일단, 서사인 욥기 1-2장의 서론에서는 하나님이 이 내기에서 이기신 것처럼 보인다. 욥은 하나님을 저주하지 않았고, 서사는 "이 모든 일에 욥이 입술로 범죄하지 아니하니라"라는 구절로 그 결론을 정리한다.

그러나 다시 말하지만, 하나님의 목적은 단순히 사탄과 내기를 하고 그 내기에서 이기는 데 있지 않았다. 만약 하나님이 사탄과의 내기에서 승리하기 위해 욥이 그토록 많은 고통을 겪게 하셨다면, 욥기는 단순한 어린이 동화 수준에 머물렀을 것이다.

욥기의 진정한 가치는 고통의 폭풍 속에서 터져 나오는 욥의 비명, 인과응보의 논리를 앞세워 욥을 비난하는 친구들, 그리고 그에 맞서 자신의 의로움을 호소하는 욥의 목소리에서 드러난다. 이 모든 갈등과 대립이 바로 욥기의 본문이며, 욥기가 단순한 이야기 차원을 넘어 깊은 신학적 성찰의 책이 되는 이유이다.

서론의 서사와는 달리, 욥기 3장부터 시작되는 본문의 대화는 "그 후에 욥이 입을 열어 자기의 생일을 저주하니라"(욥 3:1)로 시작된다. 비록 욥이 하나님을 직접적으로 저주하지는 않았지만, 자신의 생일을 저주하는 것은 생명을 주신 창조주에 대한 명백한 도전이나 마찬가지다.

욥이 자신의 삶을 저주하며 창조주를 향해 불손한 듯한 말을 하자, 그를 위로하러 온 세 친구는 곧장 입장을 바꿔 욥을 비난하기 시작했다. 천상에서 벌어진 하나님과 사탄의 내기에 대해 알지 못했던 친구들은 욥이 의로운 사람임에도 고통받는다는 사실을 이해하지 못했다. 비록 그들이 욥의 친구로서 그의 삶과 행실을 잘 알고 있었을지라도, 그들은 자신이 경험한 욥보다 하나님에 대한 전통적인 이해와 인과응보의 신학을 지켜내는 것을 더 중요하게 여겼다.

인과응보의 신학은 '하나님은 정의로우시다'(신정론, 神正論, Theodicy)와 '하나님은 통치하신다'(신정정치, 神政政治, Theocracy)라는 두 원리를 기반으로 한다. 하나님이 정의로우시며, 그분이 모든 것을 통치하시므로, 하나님의 다스리심 아래에 있는 세상은 반드시 정의로워야 한다.

따라서 선한 사람은 복을 받고, 악인은 벌을 받는 공의가 이 세계에 실현되어야 한다. 만약 욥의 주장대로 그가 의로움에도 하나님께서 그에게 재앙을 내리셨다면, 이는 하나님의 공의로운 통치에 대한 도전이 된다.

실제로 악의 실존, 의인의 고난, 그리고 악인의 번영은 하나님의 정의(신정론)와 하나님의 통치(신정정치) 중 하나를 심각하게 위협하는 문제들이다. 즉, 만일 하나님이 악을 통제하지 못하셔서 악이 존재한다면, 이는 하나님의 통치(신정정치)에 대한 도전이며, 반대로 하나님이 악을 용납하셔서 악이 존재한다면, 이는 하나님의 정의(신정론)에 대한 도전이 된다.

이 때문에 욥의 친구들은 욥의 주장에 결코 동의할 수 없었다. 그들은 하나님은 옳고 욥은 틀렸으며, 욥이 잘못했기 때문에 이런 고난을 겪고 있다고 주장했다. 전통적 신학을 고수하기 위해 그들은 자신이 경험한 욥의 의로움을 외면했을 뿐만 아니라, 고통 속에 처한 친구를 위로하려는 마음마저 포기하고 말았다. 심지어 그들은 자녀를 잃은 욥에게 그의 자식들이 죄를 지었기 때문에 하나님이 죽게 내버려 두셨다고(욥 8:4) 모질게 주장했다.

본문인 욥과 세 친구의 대화는 다음과 같은 방식으로 전개된다. 욥이 자신의 상황을 한탄하면, 첫 번째 친구(데만 사람 엘리바스)가 욥의 잘못을 지적하며 반박한다. 이에 욥이 대응하면, 두 번째 친구(수아 사람 빌닷)가 다시 이의를 제기한다. 욥이 다시 반박하면, 세 번째 친구(나아마 사람 소발)가 나서서 또다시 욥을 공격한다. 이렇게 한 차례 대화 주기가 완성된다.

이 주기는 세 친구와 욥이 각각 한 번씩 대화를 주고받는 형식으로 구성되며, 이러한 대화의 주기가 총 세 번 반복된다.

이제 욥과 친구들의 대화 중 핵심 논쟁들을 조금 더 살펴보자.

(욥) 그 후에 욥이 입을 열어 자기의 생일을 저주하니라 욥이 입을 열어 이르되 내가 난 날이 멸망하였더라면, 사내 아이를 배었다 하던 그 밤도 그러하였더라면, … 하나님이 위에서 돌아보지 않으셨더라면, 빛도 그 날을 비추지 않았더라면, … (욥 3:1-4).

(엘리바스) 사람이 어찌 하나님보다 의롭겠느냐 사람이 어찌 그 창조하신 이보다 깨끗하겠느냐(욥 4:17).

볼지어다 하나님께 징계 받는 자에게는 복이 있나니 그런즉 너는 전능자의 징계를 업신여기지 말지니라(욥 5:17).

(욥) 나의 괴로움을 달아 보며 나의 파멸을 저울 위에 모두 놓을 수 있다면 바다의 모래보다도 무거울 것이라 …(욥 6:2-3).

옳은 말이 어찌 그리 고통스러운고, 너희의 책망은 무엇을 책망함이냐 너희가 남의 말을 꾸짖을 생각을 하나 실망한 자의 말은 바람에 날아가느니라(욥 6:25-26). 내가 바다니이까 바다 괴물이니이까 주께서 어찌하여 나를 지키시나이까(욥 7:12). 사람이 무엇이기에 주께서 그를 크게 만드사 그에게 마음을 두시고 아침마다 권징하시며 순간마다 단련하시나이까 주께서 내게서 눈을 돌이키지 아니하시며 내가 침을 삼킬 동안도 나를 놓지 아니하시기를 어느 때까지 하시리이까 사람을 감찰하시는 이여 내가 범죄하였던들 주께 무슨 해가 되오리이까 어찌하여 나를 당신의 과녁으로 삼으셔서 내게 무거운 짐이 되게 하셨나이까(욥 7:17-20).

(빌닷) 하나님이 어찌 정의를 굽게 하시겠으며 전능하신 이가 어찌 공의를 굽게 하시겠는가 네 자녀들이 주께 죄를 지었으므로 주께서 그들을 그 죄에 버려두셨나니 네가 만일 하나님을 찾으며 전능하신 이에게 간구하고 또 청결하고 정직하면 반드시 너를 돌보시고 네 의로운 처소를 평안하게 하실 것이라 네 시작은 미약하였으나 네 나중은 심히 창대하리라(욥 8:3-7).

(욥) 진실로 내가 이 일이 그런 줄을 알거니와 인생이 어찌 하나님 앞에 의로우랴(욥 9:2).

그가 폭풍으로 나를 치시고 까닭 없이 내 상처를 깊게 하시며 나를 숨 쉬지 못하게 하시며 괴로움을 내게 채우시는구나 힘으로 말하면 그가 강하시고 심판으로 말하면 누가 그를 소환하겠느냐 가령 내가 의로울지라도 내 입이 나를 정죄하리니 가령 내가 온전할지라도 나를 정죄하시리라(욥 9:17-20).

내 영혼이 살기에 곤비하니 내 불평을 토로하고 내 마음이 괴로운 대로 말하리라 내가 하나님께 아뢰오리니 나를 정죄하지 마시옵고 무슨 까닭으로 나와 더불어 변론하시는지 내게 알게 하옵소서(욥 10:1-2).

(소발) 네가 하나님의 오묘함을 어찌 능히 측량하며 전능자를 어찌 능히 완전히 알겠느냐 하늘보다 높으시니 네가 무엇을 하겠으며 스올보다 깊으시니 네가 어찌 알겠느냐(욥 11:7-8).

(욥) 그리하시고 주는 나를 부르소서 내가 대답하리이다 혹 내가 말씀하게 하옵시고 주는 내게 대답하옵소서 나의 죄악이 얼마나 많으니이까 나의 허물과 죄를 내게 알게 하옵소서 주께서 어찌하여 얼굴을 가리시고 나를 주의 원수로 여기시나이까(욥 13:22-24).

이렇게 욥기 3장부터 31장까지 욥과 세 친구가 번갈아 논쟁하는 내용이 세 번 반복된다. 이후 욥기 32-37장에서는 갑자기 엘리후라는 네 번째 인물이 등장해 욥에게 반박을 제기한다. 엘리후를 포함해 욥기 3장부터 37장까지 이어지는 욥과 친구들(세 친구와 엘리후)의 모든 논쟁이 끝나면, 욥기 38장에서 드디어 하나님이 욥과 친구들 앞에 현현하신다.

하나님의 등장은 욥기에서 매우 중요한 전환점이다. 욥기 38-41장에 걸쳐 이어지는 하나님의 말씀은, 욥과 친구들에게 하나님의 관점에서 세상의 질서와 섭리를 보여 주신다. 그리고 마지막 에필로그인 욥기 42장은 다시 서사 구조로 돌아가, 욥의 말년이 어땠는지, 고난을 겪은 후 욥이 모든 것을 회복하고 다시금 얼마나 복된 삶을 살았는지가 기록된다.

욥과 친구들의 대화를 보면, 욥은 하나님께서 자신에게 나타나 직접 변론해 주시기를 원한다. 허물과 죄가 있다면 벌을 받는 것이 마땅하나, 욥은 자신이 겪는 고통의 원인이 될 만한 허물을 도무지 찾을 수 없었다. 친구들은 고통의 이유가 욥에게 있다고 주장하지만, 욥은 그 이유를 하나님께 직접 듣고자 한다.

욥에게 정말 견디기 힘든 것은 고통 그 자체가 아니라, 고통을 허락하시면서도 아무런 설명을 하지 않으시는 하나님의 부재와 침묵이다. 욥은 하나님이 의로우시다는 사실을 믿는다. 그러나 그렇다고 해서 자신에게 닥친 이 고통의 양이 정당하다고는 받아들이지 않는다. 온전하신 하나님을 믿으며 불완전한 세상을 살아가는 우리 모두가 결국 품게 되는 질문이 바로 그것이다.

그러나 욥은 출애굽 당시 광야에서 불평하던 이스라엘 백성과는 달랐다. 이스라엘은 고통 속에서 하나님의 의로우심과 그 선한 뜻을 의심하며 부정했지만(출 17:7; 민 14:3; 21:5), 욥은 그렇지 않았다. 그는 근본적으로 하나님이 자신보다 옳으심을 믿었다. 하나님 앞에 참으로 의로운 인생은 없다는 사실도 인정했다.

그러나 욥의 부르짖음은 다른 데에 있다. 그는 자신이 비록 하나님 앞에서 완전무결한 사람은 아닐지라도, 자신보다 더 악하게 사는 사람도 많은데 왜 하필 하나님이 자신에게만 집중해 과녁 삼듯, 모든 일거수일투족을 따져 묻느냐고 토로한다.

욥은 자신이 바다도 아니고 바다 용도 아닌데, 그저 한 인간에 불과한데, 왜 전능하고 선하신 하나님이 그의 인생에만 이토록 깊숙이 관여하셔서 매 순간 단련하시고 숨 쉴 틈조차 주지 않으시며 고통으로 몰아붙이시는지를 한탄한다.

만약 욥이 맞다면, 욥을 이렇게 높은 수준으로 단련하시는 하나님의 목적은 무엇이었을까?

욥기 1장에서 사탄이 제기한 요지는, 욥이 하나님 수준의 의로운 사람이 아니라 단지 상황에 따라 반응할 뿐이라는 것이었다. 사탄의 주장은 욥도 결국 한낱 인간이며, 상황과 조건에 상관없이 은혜를 베푸시는 하나님의 성품을 가질 수 없다는 것이었다.

사실 사탄의 말은 거의 모든 사람에게 적용될 수 있다. 사람들은 복 받기를 원하며, 열심히 하나님을 믿는다고 해도 그 진짜 이유는 마음 깊은 곳에서 하나님께 받을 복에 대한 기대 때문인 경우가 많다.

물론, 하나님은 복을 주시는 분이며, 생명과 복의 근원이시다. 그러나 사람들이 이 세상에서 기대하는 복과 성경이 말하는 하나님의 복은 다르다. 사람들이 생각하는 복은 더 나은 환경과 조건을 갖추는 것이다. 더 좋은 학교, 더 나은 직장, 더 건강한 몸, 이런 조건들로 가득 찬 삶을 복받은 삶이라 여기며, 하나님이 그러한 축복을 주시기를 기원한다.

그러나 성경이 말하는 복은 우리의 환경과 조건이 바뀌는 것이 아니라, 우리 자신이 바뀌는 복이다. 하나님이 주시는 참된 축복은 우리가 단순히 복을 받는 사람이 되는 것이 아니라, 우리 자신이 복이 되어 다른 이들에게 복을 끼치는 인생을 사는 것이다.

창세기 12장 1-3절에서 하나님이 아브라함을 부르시며 주신 축복은 이러한 참된 복의 의미를 잘 보여 준다.

> 여호와께서 아브람에게 이르시되 너는 너의 고향과 친척과 아버지의 집을 떠나 내가 네게 보여 줄 땅으로 가라 내가 너로 큰 민족을 이루고 네게 복을 주어 네

> 이름을 창대하게 하리니 너는 복이 될지라 너를 축복하는 자에게는 내가 복을 내리고 너를 저주하는 자에게는 내가 저주하리니 땅의 모든 족속이 너로 말미암아 복을 얻을 것이라 하신지라(창 12:1-3).

하나님이 아브라함에게 복을 주시는 이유는 그가 복이 되게 하기 위함이었다. 이는 아브라함을 만난 모든 사람이 그로 인해 복을 받는다는 뜻이다. 아버지 데라, 아내 사라, 조카 롯, 아들 이삭과 그의 후손들, 그리고 마침내 온 세상이 믿음의 조상 아브라함으로 인해 복을 받게 되었다. '복이 된다'라는 것은 나 한 사람이 복을 받아 만족하는 것이 아니라, 나로 인해 주변 모든 이가 복을 누리는 존재가 되는 것이다.

그러나 현실 속 우리는 대부분 복이 되기는커녕 저주가 되어 살아간다. 불효하는 자녀는 어머니에게 저주가 되고, 불성실한 남편은 아내에게 고통이 되며, 무분별한 부모는 자녀에게 상처를 남긴다. 우리가 아무리 성공하려 애쓰고 인생을 잘 이루려 해도, 그 노력은 종종 다른 사람과의 경쟁이 되어 나의 승리는 남의 패배가 되고, 나의 이익은 남의 손해가 된다.

이러한 인간의 현실 가운데, 하나님은 아브라함에게 "너로 말미암아 세상 모든 족속이 복을 받을 것"(창 12:3)이라고 약속하셨다. 아브라함 한 사람을 통해 하나님이 이루시려는 것은, 단지 '복을 받는 자'가 아니라, '복이 되는 존재'를 세우는 일이었다.

많은 사람은 '복을 받는 복과'과 '복이 되는 복', 이 두 가지를 적절히 조화시킨 삶을 기독교인의 이상적인 모습으로 여긴다. 즉, 세상적으로도 복을 받고, 그 복을 주신 하나님께 감사하며 남에게 후하게 나누어 주는 삶 말이다. '복 많이 받고, 복 많이 주는 인생'이 바로 많은 이가 꿈꾸는 모델이다. 자선 활동을 많이 하는 넉넉한 부자 기독교인이 그 모델의 대표적 예일 것이다.

그러나 이는 사실 고난을 당하기 전의 욥이었다. 욥은 처음 등장할 때부터 이미 많은 복을 받은 부자였으며, 부유함 속에서 주위의 많은 사람에게 후하게 나누어 주고 자선을 베푸는 의인이었다. 그런 욥의 의로움을 두고, 사탄은 하나님 수준의 참된 의로움이 아니라고 빈정거렸다. 하나님은 이에 응답하시며 사탄과 내기를 하신 것이다.

만약 하나님이 우리에게 원하시는 삶이 이 세상의 기준에서 복을 많이 받아 풍요롭게 살며, 자신도 잘 살고 남에게도 잘 나누어 주는 인생이었다면, 애초에 사탄이 욥의 의로움이 하나님의 수준인지 도전할 이유도, 또한 그 도전을 하나님이 받아들이실 이유도 없었을 것이다.

그러나 욥은 자신이 알 수도, 이해할 수도 없는 이유로 창조주의 정의와 통치가 의심되는 극단적인 고통을 경험했다. 하나님의 정의와 통치가 느껴지지 않는 세상에서 들리는 유혹의 소리는 분명하다.

그것은 "하나님을 욕하고 죽어라"라는 외침이거나, 혹은 "믿음 없이 상황에 따라 반응하며 흘러가는 대로 살아가라"라는 속삭임이다. 이 소리가 바로 사탄이 기대하는 바이며, 사탄은 욥을 넘어뜨리기 위해 그의 가장 가까운 사람인 아내를 통해서까지도 그 유혹을 사용했다(욥 1:11; 2:9).

말로 다 할 수 없는 고난 앞에서, 많은 사람이 가장 흔히 택하는 반응은 희망을 버리고 자포자기하는 것이다. 고통이 깊어질수록 사람들은 하나님의 선하심, 심지어는 그분의 존재 자체를 의심하게 된다. 목적을 가지고 세상을 통치하시는 창조주에 대한 믿음을 잃어버린 사람들은 결국 인생의 목적과 의미도 함께 잃어버린다.

그 결과, 세상이 주는 목적과 가치에 자신을 맡기고 쾌락과 성공에 따라 일희일비하며 인생을 표류한다. '인생 뭐 별거 있나' 혹은 '이번 생은 망쳤어' 같은 말로 신세를 한탄하며 살아가는 것이다.

그러나 욥은 무너지지 않았다. 그는 하나님이 살아 계시며 의로우신 분이라는 사실을 의심하지 않았다. 그래서 하나님 앞에서 온전하고자 노력했던 자신의 삶 역시 의심하지 않았다.

인과응보의 신학에 비추어 볼 때, 욥의 인생은 실패한 인생처럼 보였다. 삶이 비참하게 흘러가자, 욥은 스스로를 포기하거나 창조주를 원망하며 분노와 한탄 속에 살 수도 있었다. 그러나 욥은 하나님을 의심하지 않았기 때문에 자기 자신도 의심하지 않았다.

욥에게서 터져 나오는 비명 같은 한탄은, 그가 포기하지 않은 두 믿음(즉, 하나님에 대한 믿음과 자신의 삶에 대한 믿음)과 상충되는 고통스러운 현실에 대한 반응이었다.

여기서 중요한 점은, 답을 포기한 것과 답을 찾지 못해 고민하는 것은 다르다는 것이다. 욥은 후자에 해당했으며, 결코 전자가 아니었다. 답을 포기하지 않았기에 그는 고통 중에서도 답을 주실 수 있는 하나님을 찾았다. 비록 지금 하나님이 자신의 삶에 계시지 않는 것처럼 느껴졌지만, 하나님이 나타나시면 자신이 온전하고자 노력했던 삶이 틀리지 않았음을 증명해 주실 것이라 욥은 확신했다.

욥의 심정을 잘 드러내는 수많은 구절 중, 욥기 27장을 살펴보자.

> 나의 정당함을 물리치신 하나님,
> 나의 영혼을 괴롭게 하신 전능자의 사심을 두고 맹세하노니
> (나의 호흡이 아직 내 속에 완전히 있고 하나님의 숨결이 아직도 내 코에 있느니라)
> 결코 내 입술이 불의를 말하지 아니하며
> 내 혀가 거짓을 말하지 아니하리라
> 나는 결코 너희를 옳다 하지 아니하겠고
> 내가 죽기 전에는 나의 온전함을 버리지 아니할 것이라
> 내가 내 공의를 굳게 잡고 놓지 아니하리니
> 내 마음이 나의 생애를 비웃지 아니하리라(욥 27:2-6).

욥은 하나님이 하시는 일과 자신의 현실을 이해할 수 없었다. "나의 정당함을 물리치시고 나의 영혼을 괴롭게 하신 전능자"(욥 27:2)라고 고백할 정도로, 그는 하나님의 뜻을 헤아릴 수 없었다.

그러나 욥은 여전히 하나님의 살아 계심과 그분이 세상과 자신의 인생을 주관하신다는 믿음을 잃지 않았다. "나의 호흡이 아직 내 속에 있고 하나님의 숨결이 아직도 내 코에 있느니라"(욥 27:3)라는

고백은 그가 자신 안에 있는 하나님의 생명을 의식하고 있음을 보여 준다.

욥은 하나님의 살아 계심을 믿었기 때문에 하나님 앞에서 지켜 온 자신의 의로움을 포기할 수 없었다. "내 입술이 불의를 말하지 아니하며 내 혀가 거짓을 말하지 아니하리라"(욥 27:4)라고 다짐하며, 세상이 말하는 해결책이나 타협안을 거부했다.

욥은 자신이 하나님을 믿으며 걸어온 길이 틀리지 않았음을 확신하며, "나는 결코 너희를 옳다 하지 아니하겠고 내가 죽기 전에는 나의 온전함을 버리지 아니할 것이라"(욥 27:5)라고 선언했다.

비록 자신의 믿음과 현실이 모순되어 보였지만, 욥은 자신의 인생을 잘못된 인생으로 여기지 않았다. 그는 "내 마음이 나의 생애를 비웃지 아니하리라"(욥 27:6)라고 말하며, 고통 속에서도 자신의 믿음을 붙들었다.

욥기의 본문에서 욥과 친구들 간의 대화는, 욥의 내면에서 벌어지는 갈등을 대변한다고도 볼 수 있다. 이는 '올바른 답을 포기하고 현실에 순응하며 쉬운 답에 안주하라는 유혹'과 '진정한 답이 있다고 믿으며 현실과 타협하지 않고 끝까지 견디려는 노력' 사이의 갈등이다.

사람의 믿음은 현실이 그 믿음을 뒷받침할 때는 쉽게 유지된다. 그러나 현실이 그 믿음을 배반할 때 깊은 위기에 직면한다. 현실이 자신의 믿음을 지지하지 않을 때 대부분의 사람은 믿음을 버리고 현실에 순응하며 안주한다.

처음에는 의롭고 깨끗한 삶을 살기 위해 노력하지만, 그 노력이 보상받지 못하고 실패와 고난으로 가득한 현실 속에서 얼마나 많은 사람이 의로움을 포기하고 현실과 타협하는가?

이들이 현실과 타협하는 이유는, 의로우신 하나님이 자신의 삶에 계시다는 믿음을 포기했기 때문이다. 하나님이 의로우시다면, 의롭게 살기 위해 노력하는 사람에게 합당한 대우를 해 주셔야 한다. 그러나 그 합당한 대우가 보이지 않는 현실 속에서 사람들은 하나님의 의로움을 더 이상 믿지 못하고, 그로 인해 자신의 의로움을 지킬 용기도 잃어버린다.

그러나 성경이 말하는 삶의 의미는 얼마나 이 세상에서 성공하고 남들에게 인정받는 복된 삶을 사는가에 있지 않다. 성경은 끝까지 하나님을 놓지 않고 고통과 절망 속에서 하나님과 씨름하는 사람들의 이야기다. 그 씨름 속에서 하나님도, 사람도 땀범벅이 되어 거칠고 쉰내 나는 숨소리를 내며 허덕일 때, 곧 하나님과 가장 긴밀하게 섞여 있을 때가 사람의 가장 거룩한 순간이다.

아직 신과의 씨름을 경험하지 못하고 모든 것에 부족함 없이 평탄한 상황에서 의로움을 유지하던 욥은, 고통 속에서 하나님의 통치와 정의를 놓고 씨름하기 시작했다.

하나님을 계속 신뢰하며 그 하나님을 믿고 살아 왔지만 도무지 모순투성이인 자신의 삶을 끝까지 붙들 것인가, 아니면 하나님을 포기하고 세상의 논리에 따라 자신의 신념을 부정하며 쉬운 답에 안주할 것인가?

욥은 이 갈등 속에서 싸우고 있었다. 고난의 용광로 속에서 욥은 정금처럼 단련되고 있었다.

5. 욥기의 결말

- **결론에서 하나님은 원망을 쏟아낸 욥이 아니라, 하나님을 변론했던 욥의 친구들에게 진노하셨다**(욥 42:7-8).

욥기에서 가장 이해하기 어려운 모순은 욥의 고통 속에서 터져 나오는 비명 같은 한탄이나, 이에 갈등하며 맞서는 친구들의 비난이 아니다. 그것은 욥과 친구들의 긴 대화 끝에 드디어 나타나신 하나님의 답변과, 하나님이 욥과 친구들에게 보이신 서로 다른 반응이다.

하나님은 욥과 친구들이 벌인 무수한 신학 논쟁에는 일절 응답하지 않으신다. 대신 38-41장에 걸쳐, 우주를 창조하시고 운행하시는 하나님의 신비를 장엄하게 말씀하시며 욥과 논쟁하신다. 그리고 그 긴 말씀의 끝에서, 그동안 하나님을 변호했던 친구들을 오히려 꾸짖으시고, 하나님과 씨름하며 질문했던 욥의 편을 들어주신다.

> 그 때에 여호와께서 폭풍우 가운데에서 욥에게 말씀하여 이르시되 무지한 말로 생각을 어둡게 하는 자가 누구냐 너는 대장부처럼 허리를 묶고 내가 네게 묻는 것을 대답할지니라 내가 땅의 기초를 놓을 때에 네가 어디 있었느냐 네가 깨달아 알

앉거든 말할지니라 누가 그것의 도량법을 정하였는지, 누가 그 줄을 그것의 위에 띄웠는지 네가 아느냐 그것의 주추는 무엇 위에 세웠으며 그 모퉁잇돌을 누가 놓았느냐 그 때에 새벽 별들이 기뻐 노래하며 하나님의 아들들이 다 기뻐 소리를 질렀느니라 바다가 그 모태에서 터져 나올 때에 문으로 그것을 가둔 자가 누구냐 그 때에 내가 구름으로 그 옷을 만들고 흑암으로 그 강보를 만들고 한계를 정하여 문빗장을 지르고 이르기를 네가 여기까지 오고 더 넘어가지 못하리니 네 높은 파도가 여기서 그칠지니라 하였노라(욥 38:1-11).

하나님은 인과응보의 원칙과 누가 틀렸고 누가 맞았는지에 대해 명확한 설명을 하지 않으신다. 대신, 자신이 세상을 창조하시고 그 모든 것을 관장하시는 분임을 강조하신다.

가장 작은 생물부터 하늘과 자연, 계절과 시간까지, 하나님은 이 우주의 모든 것을 통치하고 운영하며 주관하시는 분이다. 그렇게 방대하고 막대하며 깊고 신비로운 하나님의 통치를 한낱 인간인 욥이 어떻게 이해하며, 하나님이 하시는 일에 시비를 걸 수 있겠느냐는 말씀이다.

하나님이 욥의 고통과 정의에 대한 질문에는 답하지 않으시고 창조와 통치에 대한 말씀만 하시기 때문에, 3장부터 37장까지 이어진 긴 본문의 대화를 따라 온 독자들은 대화의 끝에서 하나님이 어떤 답을 주실지 기대했다가 다소 허탈함을 느낄 수도 있다.

그러나 놀랍게도, 욥은 하나님의 이러한 말씀 앞에 모든 것을 깨달은 듯 갑자기 겸손히 회개하는 모습을 보인다.

> 욥이 여호와께 대답하여 이르되 보소서 나는 비천하오니 무엇이라 주께 대답하리이까 손으로 내 입을 가릴 뿐이로소이다 내가 한 번 말하였사온즉 다시는 더 대답하지 아니하겠나이다 그 때에 여호와께서 폭풍우 가운데에서 욥에게 일러 말씀하시되 너는 대장부처럼 허리를 묶고 내가 네게 묻겠으니 내게 대답할지니라 네가 내 공의를 부인하려느냐 네 의를 세우려고 나를 악하다 하겠느냐 네가 하나님처럼 능력이 있느냐 하나님처럼 천둥 소리를 내겠느냐(욥 40:3-9).

> 욥이 여호와께 대답하여 이르되 주께서는 못 하실 일이 없사오며 무슨 계획이든지 못 이루실 것이 없는 줄 아오니 무지한 말로 이치를 가리는 자가 누구니이까 나는 깨닫지도 못한 일을 말하였고 스스로 알 수도 없고 헤아리기도 어려운 일을 말하였나이다 내가 말하겠사오니 주는 들으시고 내가 주께 묻겠사오니 주여 내게 알게 하옵소서 내가 주께 대하여 귀로 듣기만 하였사오나 이제는 눈으로 주를 뵈옵나이다 그러므로 내가 스스로 거두어들이고 티끌과 재 가운데에서 회개하나이다(욥 42:1-6).

사실 욥에게 중요한 것은 '하나님이 맞고 자신이 틀리다'거나, 혹은 '하나님이 틀리고 자신이 맞다'하는 문제가 아니었다. 욥을 가장 괴롭혔던 것은 자신이 처한 힘든 상황이 아니라 하나님의 부재가 느껴지는 현실이었다.

하나님이 계시지 않는다면, 그동안 모든 손해와 희생을 감수하며 의롭고자 노력한 자신의 삶은 헛수고일 뿐이다.

세상은 우연히 흘러가는 것이 아니라 목적을 가진 창조주가 운영하고 계시다는 것, 그 창조주가 우리의 모든 노력과 결정을 알고 계시며 우리 삶에 반드시 응답하시리라는 것, 이 믿음만큼 사람을 강하게 하는 것은 없다.

욥은 보답이 보이지 않는 현실 속에서 갈등했지만, 그 갈등 속에서도 창조주에 대한 믿음을 포기하지 않았다. 그 믿음을 붙잡았기에, 욥은 자신의 삶에 대한 태도 역시 포기하지 않았다.

마침내 창조주가 나타나셔서 "그 모든 일을 행한 이가 나이며, 나는 지금도 모든 것을 주관하고 있다"라고 선언하신 것은, 그러므로 욥에게 정답이었다. 그것은 욥에게 위로였고, 승리였다.

그의 믿음은 틀리지 않았다!

고통을 통과한 욥이 어떤 사람이 되었는지는, 그를 대하시는 하나님의 말씀과 태도에서 드러난다. 긴 침묵을 깨고 드디어 욥에게 등장하신 하나님은 사뭇 진지하시다. 의인이 고통을 당하고, 하나님의 정의가 의심되는 모순적인 현실 속에서도 여전히 하나님을 포기하지 않은 욥을 하나님은 가볍게 대하지 않으셨다.

하나님은 자신과 대화하기 위해 욥에게 "대장부처럼 허리를 묶고" 대비하라고 말씀하신다. 하나님이 욥과 진지하게 맞대결을 하실 테니 욥도 정신 바짝 차리고 하나님과 대결할 준비를 하라는 것이다.

너는 대장부처럼 허리를 묶고 내가 네게 묻는 것을 대답할지니라(욥 38:3).

> 너는 대장부처럼 허리를 묶고 내가 네게 묻겠으니 내게 대답할지니라 네가 내 공의를 부인하려느냐 네 의를 세우려고 나를 악하다 하겠느냐(욥 40:7-8).

한동안 하나님의 정의가 부재하던 현실을 통과한 욥에게, 하나님은 여전히 자신이 정의로우신 분임을 증명해야 했다. 그렇기에 하나님은 이 대결에 매우 진지하게 임하고 계시다.

그런데 욥이 누구인가?

그는 창조주 하나님에 비하면 그저 한낱 창조물인 인간일 뿐이다. 욥과 하나님의 차이는 갓난아기와 성인의 차이에 비할 바가 아니라, 개미와 사람의 차이, 아니 심지어 땅과 하늘의 차이에 해당한다.

만약 성인이 갓난아기에게 "너는 대장부처럼 허리를 묶고 나와 겨루자"라고 한다면, 비웃음을 살 수밖에 없다. 둘의 차이가 너무 크기 때문이다.

"대장부처럼 허리를 묶고" 겨루자고 요구하는 대상은 적어도 스파링 파트너가 될 만한, 상대방과 근소한 힘의 차이를 가진 존재여야 하지 않겠는가?

그런데 지금 하나님은 욥을 자신의 결투 상대로 여기고 계신다.

성경 어디에서도 하나님이 어느 한 인간에게 이렇게 말씀하신 적이 있었던가?

"대장부처럼 허리를 묶고 나와 대화하자"라는 하나님의 말씀은 욥을 하나님과 논쟁할 수준의 상대로 인정하셨음을 보여 준다. 게다가 하나님은 욥의 고난에 대한 직접적인 질문에는 답하지 않으시고 대신 창조에 관한 이야기만을 하신다고 했는데, 사실 창조에 관한 이야기는 창조주에게는 가장 확실하게 우위에 설 수 있는 주제이다.

창조물이 창조자에게 어떤 질문을 던질 때, 창조자가 "그것은 창조주인 내 마음이다"라고 말하면 창조물은 더 이상 반박할 수가 없다. 창조에 대한 주제는 창조주에게 있어 일종의 '치트키'와 같다. 창조를 논의하기 시작하면 결과는 언제나 창조주의 승리로 끝난다.

바꿔 말하자면, 하나님의 정의가 부재한 듯한 극한의 고난 속에서도 자신의 믿음을 끝까지 지켜온 욥은, 이제 창조주가 창조 이야기를 들고 나와야 대화가 가능한 굉장한 존재가 되었다는 의미이다. 하나님이 창조 이야기를 꺼내신 것은, 욥이 단순한 인간을 넘어 이제는 정말 창조주의 형상을 닮은 온전하고 거룩한 존재로까지 인정받았다는 것을 암시한다.

욥기 40장에는 고대의 신비로운 짐승인 "베헤못"(Behemoth, 개역개정)이 등장한다. 개역한글판에서는 이를 '하마'로 번역했지만, 성경에서 묘사되는 베헤못은 단순한 하마가 아니라 훨씬 더 강력하고 거대한 고대의 괴물이다. 이 베헤못은 하나님이 창조하신 것 중에 "으뜸"(개역개정) 혹은 "가장 무서운 놈"(현대인의 성경)으로 표현된다. 욥기 40장 19절에 따르면, 그것을 창조한 하나님조차도 "칼을 들어야만 접근할 수 있다"(현대인의 성경)라고 묘사될 정도이다.

이제 소 같이 풀을 먹는 베헤못을 볼지어다 내가 너를 지은 것 같이 그것도 지었느니라 그것의 힘은 허리에 있고 그 뚝심은 배의 힘줄에 있고 … 그 뼈는 놋관 같고 그 뼈대는 쇠 막대기 같으니 그것은 하나님이 만드신 것 중에 으뜸이라 그것을 지으신 이가 자기의 칼을 가져 오기를 바라노라 (현대인의 성경: "이것은 내가 창조한 것 중에서 가장 무서운 놈이다. 그것을 창조한 나도 칼을 들어야만 접근할 수 있다") … 강물이 소용돌이칠지라도 그것이 놀라지 않고 요단 강 물이 쏟아져 그 입으로 들어가도 태연하니 그것이 눈을 뜨고 있을 때 누가 능히 잡을 수 있겠으며 갈고리로 그것의 코를 꿸 수 있겠느냐(욥 40:15-24).

베헤못은 창조주조차 칼을 들고 접근해야 할 만큼 무시무시한 피조물이었다.

그러나 하나님이 욥에게 접근하시는 방법은 어떠한가?

하나님은 욥과 논쟁하시기 위해 칼이 아니라 창조의 질서와 신비를 들고 나오셨다. 욥은 고통 가운데 "내가 바다입니까 바다 괴물입니까"(욥 7:12)라고 부르짖었지만, 하나님은 그 고통의 여정을 통해 욥을 바다 괴물이나 베헤못 이상의 존재로, 하나님의 통치와 의로움에 대해 논쟁할 수 있는 상대로 욥을 단련시키셨다.

욥과의 대화 후에 하나님은 욥의 친구들에게 노하셨다고 하신다.

여호와께서 욥에게 이 말씀을 하신 후에 여호와께서 데만 사람 엘리바스에게 이르시되 내가 너와 네 두 친구에게 노하나니 이는 너희가 나를 가리켜 말한 것이 내 종 욥의 말 같이 옳지 못함이니라(욥 42:7).

하나님께서 욥의 친구들에게 노하신 이유, 그리고 그들의 말이 옳지 않다고 하신 이유는 무엇일까?

욥은 하나님께 한탄하며 고통을 토로했지만 친구들은 오히려 하나님을 변호했다. 게다가 욥의 친구들의 주장과 욥기 38장 이후 하나님께서 욥에게 하신 말씀 사이에는 상당한 유사성도 보인다.

그렇다면 하나님의 정의에 대해 말했음에도, 왜 하나님은 그들에게 진노하셨을까?

이는 단순히 말의 내용뿐만 아니라 말을 하는 사람과 그 내용의 역학 관계 때문일 것이다. 어떤 말이 옳은지 판단할 때는 그 말을 하는 사람의 자격과 상황도 함께 고려해야 한다.

예를 들어, 도둑이나 살인자가 사랑과 헌신에 대해 말한다면 아무리 옳은 내용이라도 사람들은 그 말에 귀를 기울이지 않을 것이다. 또한, 초등학교 1학년 동생이 시험 만점을 자랑하며 누나에게 왜 대학 입시에서 만점을 못 받았냐고 비난하거나 조롱한디면, 이는 터무니없는 이야기가 될 뿐이다.

욥과 그의 친구들의 상황도 마찬가지였다. 욥은 그의 친구들보다 열 배나 더 의로운 사람이었다. 그런데도 그는 하나님의 의의 수준에 도달하기 위한 더 높은 차원의 시험을 통과해야 했다. 악과 고통이 존재하는 세상에서 여전히 하나님의 의로우심과 통치하심을 신뢰할 수 있는가라는 깊은 문제를 풀어 가고 있었다.

반면, 욥의 친구들은 '하나님은 정의로우시며 그분은 통치하신다'는 단순한 원칙에만 집착한 채, 세상에 존재하는 악과 고통의 문제를 외면했다. 그들은 깊은 인생의 아픔과 세상의 모순, 부조리와 싸워본 경험 없이, 얕은 지식과 제한된 경험에 의존하여 피상적인 답변만을 내놓았다.

그렇다면 정의로운 하나님이 통치하는 이 세상에 왜 악이 존재하며 어째서 의인이 고통받고 악인이 성공하는가?

그 이유는 완전하신 하나님이 불완전한 인간과 함께 이 세상을 만들어 가고 계시기 때문이다.

만약 하나님이 인간의 자유 의지를 무시하고 인간에게 선택의 권한을 주지 않으신 채 자신의 뜻대로만 통치하셨다면, 이 세상은 완벽할 수도 있었을 것이다. 그러나 하나님은 인간에게 자유 의지를 주셨고, 그들이 잘못된 선택을 하도록 허용하셨다.

하나님은 인간이 자신의 선택에 책임을 지고, 실수를 통해 배우며, 더 나은 선택을 하는 존재로 성장하기를 기다리셨다. 때로는 도우시고, 때로는 엄격히 훈계하시며, 또 그들이 감당하기 어려울 정도로 무거운 책임을 짊어질 때는 함께 그 짐을 지셨고, 결국은 인간의 죄의 짐을 혼자 떠맡기도 하셨다.

인간은 하나님의 통치를 거부했고 그들이 통치하는 세상에는 하나님의 정의가 없었다. 그러나 하나님은 그 망가진 세상에서 어떻게든 그분의 정의와 통치를 유지하시고자 인간과 씨름하고 계셨다. 그리고 욥은 바로 그 씨름의 자리로 초청받은 사람이었다.

욥의 친구들은 애초에 욥만큼 의로운 사람이 아니었기에 욥이 당한 높은 기준의 시험을 겪지 않았다. 그런데도 그들은 자신들의 낮은 수준의 의와 지식으로 더 높은 차원의 의의 시험을 받던 욥을 비난했다.

바로 이 점 때문에, 설령 그들의 말의 내용이 옳았을지라도 그 말에는 아무런 힘이 없었으며 그들의 발언은 무지했고 결국 의롭지 못한 것이었다.

욥기의 마지막 부분인 42장 10-17절은 에필로그로, 욥이 모든 고통을 겪은 후 다시 복을 받고 잘 산다는 결말로 끝맺는다. 그러나 일부 사람들은 "자녀들을 잃은 후 또 다른 자녀들을 얻는 것이 과연 무슨 복인가"라는 의문을 제기하기도 한다. "극심한 고통을 아예 겪지 않는 것이 더 나은 축복이지, 고통을 당한 후에 보상을 받는 것이 무슨 의미가 있는가"라는 질문이다.

그러나 이러한 질문들은 '고통이 세상에 없어야 한다'라는 전제에서 나온 것이다. 불행하게도 이 세상은 죄와 사망이 들어와 있는 곳이다(롬 5:12). 그리고 그 죄를 이 세상에 들여온 것은 인간 자신이다.

하나님이 단순히 천상에 거하시며 인간에게 인과응보의 원칙만 설정해 두고 사람들이 각자의 행위에 따른 결과를 스스로 감당하도록 내버려 두셨다면, 하나님은 인간의 일에 굳이 개입할 필요가 없었을 것이다. 하지만, 하나님은 처음 사람을 하나님의 형상대로, 하나님의 자녀로 창조하셨으며, 단순한 피조물이 아니라 동역자, 대화 상대, 논쟁 상대, 친구로 삼기를 원하셨다.

아이가 부모의 유전자를 물려받았다고 해서 태어나자마자 부모의 말 상대가 될 수 없는 것처럼, 인간은 하나님의 형상으로 만들어졌지만 성장하지 않으면 하나님과 온전한 관계를 맺을 수 없었다.

게다가 인간은 죄의 노예가 되어, 하나님을 향해 자라나는 과정마저 멈춘, 즉 성장을 멈춘 아이 같은 상태였다. 그러나 하나님은 인간을 치료하고 단련하셔서 다시 온전히 하나님을 향해 성장하게 하기를 원하셨다.

하나님은 왜 사탄에게 격동당하셨다는 오해까지 받으시며 욥에게 이 모든 고난을 겪게 하셨는가?

욥을 더 높은 수준으로 단련하시기 위해서다. 욥은 이 세상에서 더할 나위 없이 의로운 사람이었다. 그러나 하나님은 욥이 더 높은 단계, 즉 하나님의 의로움에 참예하는 자로 성장하기를 원하셨다. 그래서 하나님은 사탄을 격동하셔서 그를 도구로 사용하셨다.

자녀를 더 온전히 단련하고 성장시키기 위해서라면, 사탄이 아니라 사탄의 할아버지라도 쓰실 하나님이셨고, 창조주가 사탄에게 격동되셨다는 오명도 불사하셨으며, 자녀가 성장을 멈추는 불치병에 걸렸다면 자신의 신장이라도 떼어 내어 수술실로 들여보내실 하나님이셨다. 결국, 그분은 정말 인간이 되어 자기를 희생 제물로 주셔서 사람들을 치료하셨다.

한 사람의 인생이 다음 단계로 나아가고, 아이가 어른이 되며, 알을 깨고 새가 태어나고, 번데기에서 나비가 나오며, 흙덩이에서 정금이 재련되고, 독재에서 민주주의가 자리 잡으며, 거룩하지 않은 것에서 거룩함이 나오기까지, 고통 없이 이루어지는 것은 아무것도 없다.

문제는 고통이 있느냐 없느냐가 아니라 그 고통이 헛된 것이냐 아니냐, 그리고 우리가 믿고 싸운 것이 그 고통을 감수할 만큼 가치 있는 것이냐 하는 것이다.

하나님이 욥에게 주신 것은 그저 더 많은 재산과 더 많은 자녀가 아니었다. 하나님은 욥을 더 높은 단계로 끌어올리셨다. 고통스러운 단련의 과정 속에서도 하나님을 포기하지 않은 욥에게 하나님은 그의 믿음이 틀리지 않았음을 인정해 주셨다.

욥은 하나님의 단련을 견딘 자가 되었고, 상황과 조건을 초월하여 신실함을 실천한 자가 되었으며, 사탄이 인간으로서는 불가능하다고 장담했던 '하나님 수준의 의로움'을 살아 낸 자가 되었다.

이제 하나님은 온전해진 욥과 온 힘을 다해 논쟁하고 씨름하며 깊고 거룩한 대화를 나누며 더욱 친밀한 관계를 맺으실 것이다. 그것이 욥기의 말년이다. 욥이 믿고 지켜낸 대로 세상에는 창조주 하나님이 계시며, 그분은 우리의 인생을 감찰하시고 우리의 마음과 동기와 결정과 노력을 아시며, 때로는 온화한 얼굴이 아니라 낯선 얼굴로 우리를 단련하시어 마침내 하나님의 수준으로 추청하시는 분이다.

지금 우리 삶이 어렵고 보상과 결과가 보이지 않는 이유는, 여전히 하나님이 우리가 더 멀리, 더 높이 갈 수 있다고, 더 위대하고 거룩해질 수 있다고 기대하고 계시기 때문이다.

> 나의 가는 길을 그가 아시나니 그가 나를 단련하신 후에는 내가 정금같이 나오리라(욥 23:10).

하나님이 요나에게 이르시되 네가 이 박넝쿨로 말미암아 성내는 것이 어찌 옳으냐 하시니 그가 대답하되 내가 성내어 죽기까지 할지라도 옳으니이다 하니라(욘 4:6-9).

제6장

하나님은 왜 요나를 니느웨로 보내셨는가?

예비하시는 하나님

요나 4장: 박넝쿨(키카욘)

---

1. 요나서

요나서는 구약성경의 열두 소선지서 중 하나로, 호세아부터 말라기까지의 소선지서 안에 포함되어 있다. 이사야, 예레미야, 에스겔을 대선지서라 부르고, 그보다 분량이 적은 열두 권을 소선지서라고 부른다.[1] 성경이 아직 한 권의 책으로 편집되기 전, 여러 두루마리(scroll)로 나뉘어 있던 당시 대선지서는 각각 하나의 두루마리에 담겼지만, 소선지서는 열두 권 모두가 한 두루마리에 기록되었다. 이러한 이유로 소선지서라는 이름이 붙었으며, 요나서는 그 열두 소선지서의 다섯 번째 책이다.

요나서는 네 장으로 이루어진 짧은 책이지만, 그 내용이 극적이고 환상적이며, 기이하고 신비로워서 유대교와 기독교 신앙이 없는 사람들에게도 널리 알려져 있다. 심지어 아브라함이나 다윗을 모르는 사람조차도 '요나' 하면 고래 뱃속에 들어갔던 사람으로 기억하곤 한다.

요나서는 하나님이 선지자 요나에게 니느웨로 가서 하나님의 심판을 전하라는 명령으로 시작된다. 그러나 요나는 하나님의 명령을 따르지 않고 니느웨와 정반대 방향으로 도망친다.

---

[1] 현대 성경에서 예레미야 애가와 다니엘서는 예언서에 포함되어 있지만, 원래 히브리어 성경, 곧 타나크에는 성문서에 포함되어 있었다. 기원전 2세기경 히브리어 성경이 헬라어(그리스어) 성경인 70인역으로 번역되는 과정에서 이 두 책이 현재 위치인 대선지서와 소선지서 사이의 예언서로 포함되었다.

이에 하나님은 요나가 탄 배에 폭풍을 보내시고, 선원들은 폭풍의 원인이 요나임을 알고 그를 바다에 던진다. 그러나 하나님은 큰 물고기를 예비하셔서 요나를 삼키게 하시고, 요나가 물고기 뱃속에서 회개하며 기도하자 사흘 만에 물고기로 하여금 그를 육지로 토해 내게 하신다.

그 후, 요나는 하나님의 명령을 수행하기 위해 니느웨로 가서 심판을 선포한다. 놀랍게도 니느웨 사람들은 요나의 선포에 즉시 회개하고, 하나님은 그들의 회개를 보시고 심판을 철회하신다. 그러나 요나는 하나님의 이 결정에 분노한다. 이에 하나님은 박넝쿨을 통해 요나에게 하나님의 용서가 정당하다는 사실을 가르치려 하신다.

요나가 박넝쿨을 아끼는 마음을 보이자 하나님은 이렇게 말씀하신다.

> 너도 박넝쿨을 아끼거늘, 하물며 내가 저 큰 성읍 니느웨에 사는 사람들을 아끼는 것이 어찌 문제가 되겠느냐?(욘 4:11).

이렇게 요나서는 하나님의 질문을 끝으로 요나의 대답 없이 열린 결말을 맞이하며 끝난다.

요나서는 짧지만 상상력을 자극하는 이야기로 가득 차 있어, 오랫동안 다양한 예술가와 동화 작가, 소설가, 성경 해석자, 심리 학자들에게 깊은 영감을 주었다.

하나님의 부르심을 피해 도망치는 요나, 갑작스러운 폭풍과 제비뽑기, 물고기에게 삼켜졌다가 살아나오는 신비로운 사건, 요나의 형식적인 심판 선포와 니느웨의 과장된 회개, 박넝쿨과 벌레, 뜨거운 햇볕과 바람, 요나의 분노와 하나님의 응답 등, 요나서에 등장하는 장면 하나하나가 극적이고 상징적이어서 오늘날까지도 다양한 방식으로 재해석되고 있다.

동화 『피노키오』의 고래 뱃속 장면 역시 요나 이야기에서 영감을 받았을 가능성이 크며, 특히 소설 『모비딕』은 요나서를 주제로 한 설교 장면이 등장할 만큼 전체적인 이야기 구조에 요나서의 상징성과 주제들이 반영되어 있다.

하지만, 요나서의 영향력은 이러한 화려하고 동화적인 요소에만 있지 않다. 안타깝게도 요나서는 반유대주의적 해석을 만들어 낸 구약의 대표적인 책 중 하나로 꼽히기도 한다.

니느웨의 회개와 하나님의 용서는 신약성경과 교회사가 강조해 온 중요한 신학적 주제인 회개와 용서를 상징한다. 그러나 요나는 니느웨의 회개와 하나님의 용서에 대해 강한 반감을 표출한다.

이 점을 근거로, 서구 기독교 지도자들은 요나를 하나님의 보편적 사랑을 이해하지 못하는 편협한 유대인의 전형으로 해석하며, 요나서를 반유대주의를 강화하는 도구로 사용하기도 했다. 그러나 요나서는 단순히 회개와 용서의 주제를 말하려 하는 것이 아니며, 더욱이 유대인을 비난하는 책도 아니다.

요나서에는 성경 학자들이 풀기 어려운 여러 신학적 난제가 숨어 있다. 특히, 중요한 질문은 이 책이 '누구에 의해, 어떤 목적으로' 쓰였는가 하는 것이다. 모든 구약성경이 그렇듯, 요나서 또한 고대 이스라엘 사람, 즉 후대에 유대인으로 불린 이들이 자기 공동체를 위해 쓴 책이다.

그렇다면 누가 왜 자기 민족과 선지자를 편협한 인물로 묘사하며 이 책을 썼겠는가?

더 나아가, 요나의 분노는 성경 어디에서도 보기 드문 격렬한 분노이며, 그 대상은 다름 아닌 하나님이다.

만약 어떤 사람이 인생에서 '성내어 죽기까지' 분노해 본 경험이 있다면, 그리고 그 분노가 정당하다고 느껴진 적이 있다면, 혹은 그 정당한 분노가 방향을 잃고 어디로 향해야 할지 몰라 방황한 적이 있다면, 요나서는 하나님과 갈등하는 한 개인의 깊은 신학적 세계로 우리를 이끌어 준다.

2. 요나서 안의 난제들

요나서는 여러 면에서 다른 선지서들, 더 나아가 구약의 다른 책들과 구별되는 독특한 책이다. 그 독특함은 단순히 성경의 다른 부분에서 찾아볼 수 없는 정도가 아니라 성경의 일관된 흐름과 모순되는 요소들을 포함하고 있어서, 요나서를 공부하는 이들에게 다양한 신학적 질문을 던진다.

요나서를 읽으며 맞닥뜨릴 수 있는 주요 난제들을 다섯 가지로 정리할 수 있다.[2]

1) 서사 형식의 선지서

대부분의 선지서는 하나님의 말씀을 받아 대언하는 형식으로 구성되어 있다. 그러나 요나서는 이야기(서사) 형식으로 전개된다는 점에서 다른 선지서들과 차이를 보인다.

히브리어로 '선지자' 혹은 '예언자'를 뜻하는 단어 '나비'(Nabi)는 '대변인' 또는 '대언자'(spokesperson)를 의미하며, 선지자는 하나님의 말씀을 대신 전하는 자들이다. 따라서 일반적인 선지서들은 선지자가 받은 하나님의 말씀을 직접 기록하거나 대언하는 형태를 취한다.

그러나 요나서는 선지자의 예언보다는 요나와 하나님 사이에서 벌어지는 이야기 자체를 중심으로 서사가 전개된다. 요나가 어떤 말씀을 받았는지 보다 그가 하나님의 명령에 어떻게 반응하고 하나님이

---

[2] 제6장에서 다루는 요나서의 난제들에 대한 설명은, 저자가 이전에 발표한 학술 논문을 바탕으로 일반 독자를 위해 새롭게 풀어 쓴 것이다.
관련 논의는 다음을 참조하라:
Ryu, Chesung. "Silence as Resistance: A Postcolonial Reading of the Silence of Jonah in Jonah 4:1–11," *Journal for the Study of the Old Testament* 34, no. 2 (2009), 195–210.
Ryu, Chesung. "Divine Rhetoric and Prophetic Silence in the Book of Jonah." In *The Oxford Handbook of Biblical Narrative*, edited by Danna Nolan Fewell, (Oxford: Oxford University Press, 2015), 226–35.

그에게 어떻게 대응하셨는지가 이야기의 핵심이 된다.

2) 이방 땅으로 보내진 선지자

요나서는 모든 선지서 중 유일하게, 하나님이 이스라엘 선지자를 이방 땅으로 보내어 그곳 이방인들에게 하나님의 말씀을 선포하신 내용을 담고 있다.

구약성경은 기본적으로 하나님과 하나님의 백성 이스라엘에 관한 책이며, 저자와 독자 모두 이스라엘 사람이다. 선지서들에 등장하는 이방에 대한 심판 메시지조차도 이방인이 듣도록 하기 위한 것이 아니라, 이스라엘이 이방에 대한 하나님의 뜻을 듣고 경고를 받거나 위로를 얻도록 기록된 경우가 대부분이다.

다시 말해, 이방을 대상으로 한 예언도 궁극적으로는 이스라엘을 위한 메시지라는 뜻이다.

그러나 요나서에는 하나님이 이스라엘 선지자 요나를 직접 이방 땅 니느웨(고대 앗수르의 수도)로 보내어, 니느웨 사람들에게 하나님의 뜻을 전하게 하신다. 하나님이 이스라엘이 아닌 이방 땅에서, 그것도 이방인들이 듣도록 이스라엘 선지자를 보내신 사례는 구약성경 어디에도 등장하지 않는다. 이는 선포의 내용과 목적뿐만 아니라 언어의 문제도 포함한다.

요나가 니느웨로 가서 니느웨 사람들에게 하나님의 말씀을 전할 때, 그는 어떤 언어로 말씀을 선포했을까?

하나님은 선지자 에스겔을 통해 이방에 거하는 이스라엘 포로민에게 말씀을 전하게 하셨을 때, 선지자를 다른 언어를 사용하는 사람들에게 보내지 않음을 분명히 하셨다.

> 그가 또 내게 이르시되 인자야 이스라엘 족속에게 가서 내 말로 그들에게 고하라 너를 언어가 다르거나 말이 어려운 백성에게 보내는 것이 아니요 이스라엘 족속에게 보내는 것이라(겔 3:4-5).

이러한 언어적 문제 역시 하나님이 이스라엘의 선지자를 다른 언어를 쓰는 이방인에게 보내지 않으셨던 이유인데, 요나서는 이 모든 원칙에서 벗어나 있는 독특한 책이다.

3) 이방인을 향한 하나님의 사랑과 용서

요나서의 가장 놀라운 점은 하나님의 사랑과 용서가 이스라엘이 아닌 이방 민족, 그것도 이스라엘의 최대 적대국인 앗수르의 수도 니느웨를 향하고 있다는 사실이다.

구약성경에서 하나님이 선지자를 보내 심판을 선포하시는 것은 대개 회개의 기회를 주기 위함이다. 만약 정말로 멸망시키기로 작정하셨다면, 소돔과 고모라의 경우처럼 선지자를 통한 심판 선포 없이 곧바로 멸망시키셨을 것이다.

요나는 하나님이 그를 니느웨로 보내 심판을 선포하라고 명령하셨을 때부터, 이미 하나님이 니느웨를 용서할 의도를 가지고 계셨음을 알고 있었다. 그래서 그는 하나님의 명령을 따르지 않고 니느웨의 반대 방향인 다시스로 도망쳤다.

이후 요나 4장 2절에서 요나는 자기가 도망한 이유를 분명히 밝힌다.

> 요나가 매우 싫어하고 성내며 여호와께 기도하여 이르되 여호와여 내가 고국에 있을 때에 이러하겠다고(하나님이 니느웨를 용서하실 것이라고) 말씀하지 아니하였나이까 그러므로 내가 빨리 다시스로 도망하였사오니 … (욘 4:1-2).

요나는 니느웨 사람들이 그의 심판 선포를 듣고 회개하면 하나님이 그들을 용서하실 것이고, 그 결과 앗수르가 여전히 강력한 제국으로 남아 결국 자기 나라 북이스라엘을 멸망시킬 것임을 예감했다. 그것이 하나님의 명령을 듣고도 거역하여 니느웨의 반대편인 다시스로 자신이 도망갔던 이유라고 분명히 밝혔다.

실제로 앗수르는 기원전 722년 북이스라엘을 멸망시켰다. 그들은 북이스라엘 사람들을 다른 나라로 강제 이주시켰을 뿐만 아니라, 다른 나라 사람들을 북이스라엘로 이주시켜 혼합 민족을 형성하는 정책을 펼쳤다. 이러한 정책 때문에 후에 유대인들은 타민족과 피가 섞인 북이스라엘 사람들, 특히 북이스라엘의 수도인 사마리아인들을 더럽게 여겼고, 더 이상 자신들의 동포로 간주하지 않게 되었다.

또한, 앗수르는 고대 근동에서 가장 잔인한 제국주의 국가로 알려져 있다. 많은 고대 문서와 비문에는 앗수르의 전쟁 방식, 처형 방법, 강제 이주 정책 등이 기록되어 있으며, 이는 그들의 잔혹성을 잘 보여 준다. 이러한 역사적 맥락을 고려할 때, 이스라엘을 멸망시킨 니느웨를 향한 하나님의 사랑을 담은 책이 구약성경 안에 존재한다는 사실 자체가 매우 이례적이다.

게다가 요나서의 주인공인 요나는 이스라엘 선지자들 중에서도, 특히 애국적인 인물이었다. 요나서 외에 요나에 대한 기록은 성경의 다른 책, 열왕기하 14장에서 찾아볼 수 있다.

이 장에서는 북이스라엘의 악한 왕 여로보암 2세에 대한 기사가 등장한다.

> 유다의 왕 요아스의 아들 아마샤 제십오년에 이스라엘의 왕 요아스의 아들 여로보암이 사마리아에서 왕이 되어 사십일 년간 다스렸으며 여호와 보시기에 악을 행하여 이스라엘에게 범죄하게 한 느밧의 아들 여로보암의 모든 죄에서 떠나지 아니하였더라(왕하 14:23-24).

보통 성경에서 이처럼 악한 왕이 등장하면 그의 죄로 인해 하나님이 심판하셨다는 내용이 뒤따른다. 그러나 열왕기하 14장 25절에는 뜻밖에도 선지자 요나가 등장하며, 하나님은 요나를 통해 여로보암에게 이스라엘의 영토를 회복시킬 것이라는 메시지를 전하셨다.

이스라엘의 하나님 여호와께서 그의 종 가드헤벨 아밋대의 아들 선지자 요나를 통하여 하신 말씀과 같이 여로보암이 이스라엘 영토를 회복하되 하맛 어귀에서부터 아라바 바다까지 하였으니 이는 여호와께서 이스라엘의 고난이 심하여 매인 자도 없고 놓인 자도 없고 이스라엘을 도울 자도 없음을 보셨고 여호와께서 또 이스라엘의 이름을 천하에서 없이 하겠다고도 아니하셨으므로 요아스의 아들 여로보암의 손으로 구원하심이었더라 (왕하 14:25-27).

악한 왕 여로보암이 통치하던 시기에도 이스라엘이 영토를 회복할 수 있었던 이유는 하나님께서 그들의 고난을 불쌍히 여기셨기 때문이다. 이스라엘이 어려울 때 그들에게 회복과 긍휼의 메시지를 전한 요나는 애국적 선지자로 백성에게 큰 인기를 얻었을 것이다.

따라서 요나서를 펼친 이스라엘 백성은 요나를 통해 하나님이 또다시 이스라엘을 위로하고 회복하시는 메시지를 기대했을 것이다. 그런데 그 내용이 이스라엘을 멸망시킬 앗수르의 수도 니느웨를 용서하겠다는 메시지였으니, 이는 완전히 독자의 기대를 배반하는 것이었다.

자신들의 조상의 하나님, 아브라함과 다윗의 하나님이 이스라엘의 애국적 선지자 요나를 니느웨로 보내 니느웨 사람들을 회개시키는 내용은 이스라엘 독자들에게 엄청난 정신적 충격을 주었을 것이다.

이는 마치 일제강점기 동안 하나님이 한국의 독립 운동가를 일본에 보내어 일본 사람들이 그의 선포를 듣고 회개함으로써 패망을 면하게 되었다거나, 혹은 제2차 세계대전 중 한 유대인이 베를린에 가서 나치 독일에 하나님의 심판을 전했더니 그들이 회개하여 하나님께 용서받았다는 이야기와도 같다.

누가 그런 글을 쓰겠으며 또 누가 그런 메시지를 받아들일 수 있겠는가?

요나서가 당시 이스라엘 백성에게 전한 메시지는 이처럼 충격적인 도전이었다.

4) 니느웨를 용서하시는 하나님의 불분명한 이유

이 모든 모순에도 기독교인들이 그동안 요나서를 아무 거리낌 없이 읽어 온 이유는, 하나님의 니느웨에 대한 용서가 니느웨 사람들의 회개에서 비롯되었다고 믿기 때문이다.

회개와 용서는 신약성경의 핵심 메시지이며, 요나서도 그 연장선에서 받아들여져 왔다. 그러나 요나 3장에서 묘사된 니느웨 사람들의 회개는 고대 이스라엘 독자들에게 여러 의혹을 불러일으켰을 것이다.

적어도 다음의 세 가지를 생각해 볼 수 있다.

(1) 니느웨의 회개는 진정한 회개였는가?

요나서를 읽는 이스라엘 독자들에게 분명한 사실 하나는, 역사적으로 볼 때 고대 근동에서 잔혹하기로 악명 높았던 정복 국가 앗수르는 자신들의 정복 행위에 대해 회개한 적이 없었다는 것이다.

그렇다면 요나서가 보고하는 니느웨의 회개는 억압받은 약소국들에 대한 보상 행위가 없는 위선적 회개였거나, 국내 문제에만 국한된 부분적 회개였거나, 심판 선포에 대한 일시적이고 진실하지 않은 반응이었을 가능성이 있다.

(2) 처벌 없는 용서가 가능한가?

설령 니느웨의 회개가 진심이었다고 가정하더라도, 구약성경 전체를 통틀어 단순한 회개만으로 죄값 없이 용서받은 사례는 거의 없다. 밧세바와 간통하고 우리야를 죽음에 이르게 한 다윗왕은 나단 선지자의 책망을 받고 진심으로 회개했으나, 밧세바가 낳은 아이는 죽음을 면치 못했다(삼하 12:22).

죄 없는 나봇을 죽이고 포도원을 강탈한 아합왕 역시 엘리야의 심판 선언에 회개했으나, 그의 회개는 단지 재앙을 연기했을 뿐 결국 다음 세대가 그 심판을 감당해야 했다(왕상 21:27-29). 아합왕의 회개와 니느웨 왕의 회개가 놀랍도록 비슷했었는데도 말이다.

아합이 비록 악한 왕이었다고 해도, 고대 근동의 잔혹한 맹주였던 니느웨에 비할 수 있었겠는가?

니느웨의 악행이 하나님 앞에 상달되었을 정도로 심각했었음을 고려할 때(욘 1:2), 단순한 회개만으로 니느웨가 아무 처벌 없이 용서받았다는 것은 쉽게 납득하기 어렵다.

(3) 많은 숫자가 용서의 이유가 되는가?

하나님이 니느웨를 용서하신 것에 대해 분노하는 요나에게, 하나님은 그 "큰 성읍"에 십이만여 명이나 되는 사람들이 있어서 그들을 아끼셨다고 말씀하셨다.

> 하물며 이 큰 성읍 니느웨에는 좌우를 분변하지 못하는 자가 십이만여 명이요 가축도 많이 있나니 내가 어찌 아끼지 아니하겠느냐 하시니라 (욘 4:11).

성경에서 "좌우를 분변하지 못한다"라는 표현은 도덕적 분별력과 옳고 그름을 제대로 알지 못하는 상태를 가리킨다. 하나님은 이스라엘에게 하나님을 따르는 올바른 삶을 살라는 의미에서 "좌로나 우로나 치우치지 말라"(신 5:32)라고 말씀하신 바 있다. 따라서 하나님이 요나에게 말씀하신 니느웨를 용서하신 이유가 그들이 회개하여 개과천선하였기 때문이 아니라, 그곳이 많은 사람이 사는 큰 성읍이었기 때문이라는 인상을 준다.

실제로 하나님이 처음 요나를 니느웨로 보내실 때도 강조하신 것은 "큰 성읍" 니느웨였다. 요나의 첫 구절과 마지막 구절은 하나님이 처음부터 사람들이 많이 사는 "큰 성읍" 니느웨를 용서하실 계획을 가지고 계셨음을 보여 준다.

> 너는 일어나 저 큰 성읍 니느웨로 가서 그것을 향하여 외치라 그 악독이 내 앞에 상달되었음 이니라 하시니라 (욘 1:2).

하물며 이 큰 성읍 니느웨에는 좌우를 분변하지 못하는 자가 십이만여 명이요 가축도 많이 있나니 내가 어찌 아끼지 아니하겠느냐 하시니라(욘 4:11).

만약 하나님이 니느웨를 용서하신 이유가 그들의 회개가 아니라 (회개한 이후도 여전히 좌우를 구별하지 못하고 있었으니), 그곳이 "많은 사람이 사는 큰 성읍"이었기 때문이라면, 이는 구약성경에 일관되게 나타나는 하나님의 성품과 상충된다.

성경에서 언제 하나님의 심판이 사람들의 숫자에 좌지우지되었던가?
소돔과 고모라가 멸망한 이유가 그 성읍에 전체 인구가 적었기 때문인가?
북이스라엘이 앗수르에 의해 멸망했을 때, 북이스라엘 안에도 좌우를 분별하지 못하는 수많은 사람이 있지 않았는가?
하나님은 정의와 공의를 숫자보다 더 중요하게 여기시며, 많은 수의 악인보다 소수의 의인과 약자에게 더 큰 관심을 가지지 않으셨던가?

이것이 바로 요나가 분노한 이유였을 것이다.
더욱이 애국적인 선지자였던 요나가 자신이 한 심판 선언으로 인해 니느웨가 멸망을 면하게 되었으며, 그 결과 자기 나라 북이스라엘이 앗수르에 의해 비참하게 패망할 운명에 처할 것을 알았을 때, 그는 정말 죽고 싶을 만큼 화가 나지 않았겠는가?

5) 요나의 분노에 대한 하나님의 논점 문제

요나는 요나 4장에서 두 번이나 하나님께 죽기까지 분노한다고 말했다. 첫 번째 분노는 요나 4장 1-3절에서 드러난다.

> 요나가 매우 싫어하고 성내며 여호와께 기도하여 이르되 여호와여 내가 고국에 있을 때에 이러하겠다고 말씀하지 아니하였나이까 그러므로 내가 빨리 다시스로 도망하였사오니 주께서는 은혜로우시며 자비로우시며 노하기를 더디하시며 인애가 크시사 뜻을 돌이켜 재앙을 내리지 아니하시는 하나님이신 줄 내가 알았음이니이다 여호와여 원하건대 이제 내 생명을 거두어 가소서 사는 것보다 죽는 것이 내게 나음이니이다(욘 4:1-3).

요나의 첫 번째 분노에 대해 하나님이 첫 번째 질문을 던지신다.

> 네가 성내는 것이 옳으냐(욘 4:4).

요나의 첫 번째 분노는 앞선 3장 10절의 사건, 곧 하나님께서 니느웨의 회개를 보시고 뜻을 돌이켜 그들에게 재앙을 내리지 않으신 결정에서 비롯되었다.

앞서 살핀 바와 같이, 이 결정은 단순히 악인이 회개하고 용서를 받은 사건을 넘어선다. 이는 곧 그들이 앞으로 북이스라엘을 비롯한 약소국들을 침략하고 파괴할 수 있는 기회를 얻게 된 역사적 전환점이었다. 따라서 요나의 첫 번째 분노는 단순한 감정의 폭발이 아니라 자신과 자기 민족의 운명에 대한 깊은 불안과 절망에 뿌리박은 것이었다.

그뿐만 아니라 요나는 하나님의 용서로 인해 자신이 선포한 심판 선언이 취소되었기 때문에 선지자로서의 위신에도 심각한 타격을 입었다. 고대 이스라엘에서 선지자의 참됨은 그가 전한 예언의 성취 여부에 따라 판단되었기 때문이다.

> 네가 마음속으로 이르기를, 여호와께서 이 말씀을 하신 것이 아닌 줄을 우리가 어떻게 알리요 하리라. 만일 선지자가 여호와의 이름으로 말한 이 일이 이루어지지도 않고 성취되지도 아니하면, 이는 여호와께서 말씀하신 것이 아니요, 그 선지자가 제 마음대로 한 말이니 너는 그를 두려워하지 말지니라(신 18:21-22).

분노는 그 자체로 나쁜 감정이 아니다. 부당한 대우를 받았거나, 사랑하는 이가 피해를 입었을 때 분노하는 것은 지극히 자연스러운 감정이다. 오히려 분노하지 않는다면 그것이 더 문제일 수 있다. 그러므로 분노의 문제는 분노를 했는가 아닌가가 아니라, 분노의 이유가 무엇이었는가, 그 이유가 정당했는가, 그리고 그 분노가 합당하게 표출되었는가에 달려 있다.

요나는 자기 민족의 멸망을 초래할 압제자, 니느웨를 용서하시는 하나님의 결정에 대해 정당하게 분노했고, 목숨을 걸고 하나님께 항의했다. 그러자 하나님은 요나의 이 첫 번째 분노에 대해 "네가 성내는 것이 옳으냐"라고 물으셨다(욘 4:4). 그런데 요나의 성냄의 정당성을 물으시는 이 하나님의 질문에는 매우 중요한 것이 하나 빠져 있다.

바로 요나가 왜 분노하는지에 대한 이유다.

하나님은 요나에게 "내가 니느웨를 용서하는 것에 대해 네가 성내는 것이 옳으냐"라고 묻지 않으셨다. 만약 그렇게 물으셨다면, 요나는 아마도 "하나님의 니느웨 용서는 하나님의 백성 이스라엘의 멸망으로 이어질 텐데, 이에 제가 화내는 것이 마땅하지 않습니까"라고 자신의 분노의 이유를 설명했을 것이다.

그러나 하나님은 요나의 분노의 이유를 구체적으로 언급하지 않은 채 "네가 성내는 것이 옳으냐"라고 그 정당성만을 물으셨다. 그렇기에 요나는 이때 자신의 분노의 이유를 더 말하지 않았다.

문제는 요나의 두 번째 분노였다. 요나의 두 번째 분노는 요나 4장 5-8절에서 등장한다.

> 요나가 성읍에서 나가서 그 성읍 동쪽에 앉아 거기서 자기를 위하여 초막을 짓고 그 성읍에 무슨 일이 일어나는가를 보려고 그 그늘 아래에 앉았더라 하나님 여호와께서 박넝쿨을 예비하사 요나를 가리게 하셨으니 이는 그의 머리를 위하여 그늘이 지게 하며 그의 괴로움을 면하게 하려 하심이었더라 요나가 박넝쿨로 말미암아 크게 기뻐하였더니 하나님이 벌레를 예비하사 이튿날 새벽에 그 박넝쿨을 갉아먹게 하시매 시드니라 해가 뜰 때에 하나님이 뜨거운 동풍을 예비하셨고 해는 요나의 머리에 쪼이매 요나가 혼미하여 스스로 죽기를 구하여 이르되 사는 것보다 죽는 것이 내게 나으니이다 하니라 (욘 4:5-8).

첫 번째 분노 이후, 하나님이 니느웨를 용서하시기로 한 결정이 정말일지 여전히 의구심이 들었던 요나는 성읍 동쪽에 초막을 짓고 상황을 지켜보고 있었다. 이때 하나님은 박넝쿨을 예비하셔서 요나의 초막에 그늘을 제공하셨고 요나는 그로 인해 크게 기뻐했다.

그러나 이튿날 하나님은 벌레를 보내 박넝쿨을 갉아먹게 하셨고, 박넝쿨이 말라 버리자 요나는 분노하며 두 번째로 다시 죽기를 구했다.

그때 하나님이 요나에게 두 번째 질문을 던지셨고, 이에 요나가 다음과 같이 대답한다.

> 하나님이 요나에게 이르시되 네가 이 박넝쿨로 말미암아 성내는 것이 어찌 옳으냐 하시니 그가 대답하되 내가 성내어 죽기까지 할지라도 옳으니이다 하니라 (욘 4:9).

첫 번째 분노 때, 하나님은 "네가 성내는 것이 옳으냐"(욘 4:4)라고 요나의 분노 이유를 언급하지 않은 채 분노의 정당성만을 물으셨다. 그러나 두 번째 질문에서 하나님은 "네가 이 박넝쿨로 말미암아 성내는 것이 어찌 옳으냐"(욘 4:9)라고 분명하게 요나의 분노의 이유를 지적하시며 그 정당성에 대해 물으셨다. 그리고 이에 요나는 "내가 성내어 죽기까지 할지라도 옳으니이다"라고 대답했다.

앞서 언급했듯이, 분노는 그 자체로 문제가 아니라 어떤 이유로 분노하느냐에 따라 정당성이 결정된다. 요나의 두 번째 분노가 '박넝쿨에 대한 분노'인지 하나님이 물으셨고, 요나가 그 질문에 곧바로 그렇다고 대답했기 때문에 이제 요나의 분노의 이유는 '박넝쿨에 대한 분노'로 규정되었다. 그러자 하나님은 요나의 '박넝쿨에 대한 분노'의 정당성에 대해 도전하신다. 이것이 요나의 마지막 구절이다.

> 여호와께서 이르시되 네가 수고도 아니하였고 재배도 아니하였고 하룻밤에 났다가 하룻밤에 말라 버린 이 박넝쿨을 아꼈거든 하물며 이 큰 성읍 니느웨에는 좌우를 분변하지 못하는 자가 십이만여 명이요 가축도 많이 있나니 내가 어찌 아끼지 아니하겠느냐 하시니라 (욘 4:10-11).

하나님이 요나가 박넝쿨을 아껴 분노한 것을 당신이 니느웨를 아끼시는 마음과 연결시켜 질문하시자, 요나는 더 이상 할 말을 찾지 못했다. 그래서 요나서는 하나님의 마지막 질문과 선지자 요나의 침묵으로 끝맺는다.

요나가 하나님의 질문에 대해 더 대답하지 못했기 때문에 요나서는 '열린 결말'로 끝나는 책이다. 요나가 과연 하나님의 마지막 질문을 통해 자신의 오류를 깨닫고 대답을 멈춘 것인지, 아니면 여전히 분노하고 있는지, 혹은 창피함이나 억울함을 느끼고 있는지는 독자들이 상상해야 할 몫이다.

그러나 요나서를 읽으며 물어야 할 가장 중요한 질문, 요나는 왜 화가 났는가를 다시 생각해 볼 필요가 있다.

요나는 정말로 박넝쿨 때문에 화가 난 것이었을까?

3. 요나의 분노와 침묵

요나는 왜 분노했는가?

이 질문은 요나서 첫 구절에서 요나가 왜 하나님의 명령을 듣고 순종하지 않고 도망쳤는가 하는 문제와 연결된다.

이스라엘의 선지자 가운데 하나님의 부르심에 정면으로 불순종하며 도망쳤던 인물이 또 있었던가?

선지자란 본래 하나님의 말씀을 대언하는 자들이다. 그런 점에서 보면 요나는 모든 선지자와는 다른, 극단적인 인물이다.

이런 이유로 많은 성경 학자와 교회 지도자들은 2천 년 동안 요나를 비난하고 조롱했다. 1장의 도망부터 4장의 분노까지, 도대체 요나는 처음부터 끝까지 문제적 인간이었고 우리가 결코 닮아서는 안 될 표본으로 낙인찍혔다. 아니, 더 나아가 그는 모든 인류를 사랑하시는 하나님의 보편적인 사랑을 이해하지 못하는 편협한 유대인의 전형이 되어, 성경의 반유대주의적 해석에 크게 한 몫을 하였다.

그러나 원인이 없는 결과가 어디 있겠는가?

누군가 내게 화를 내고 있는데 내가 그 이유를 알지 못한다면, 그 사람은 그 관계 자체를 진지하게 다시 돌아봐야 할 것이다. 나에 대한 분노의 이유를 알아도 그 감정을 풀어 주는 일이 쉽지 않은데, 이유마저 알 수 없다면 그 관계는 오랜 시간에 걸쳐 익숙해진 억압의 관계일 가능성이 크다.

부부는 왜 상대가 자신에게 화를 내는지 모르고, 자녀는 부모가, 부모는 자녀가 왜 분노하는지 이해하지 못하며, 친구도 동료도 다들 왜 자신을 향해 분노하는지 알지 못한다. 그래서 상대방이 분노를 쏟을 때, 우리 모두는 이렇게 당황하는 것이다.

"아니 이게 그렇게 화를 낼 일이야?"

기독교인들은 아주 오랫동안 왜 요나가 분노했는지 알지 못했다. 아니, 분노의 이유를 대강 알고 있었다. 그러나 분노의 이유를 대강 안다는 것은 그 이유를 모르는 것과 마찬가지다.

앞서 살펴보았듯이, 요나가 도망쳤던 이유는 단순한 불순종이 아니라, 자신의 심판 선언으로 인해 하나님이 니느웨를 용서하실지도 모른다는 걱정과 두려움 때문이었다. 그리고 그 두려움은 결국 현실화되었다.

요나는 이스라엘을 억압하며 곧 멸망시킬 니느웨가 재앙을 피한 상황, 그 상황을 결정하신 이스라엘의 하나님, 그리고 그 이유를 제공한 이스라엘의 애국적 선지자인 자기 자신, 게다가 선지자로서의 무너진 위신, 아니 더 정확히는 더 이상 참된 선지자가 아니라 거짓된 선지자로 낙인 찍힌 자신의 신세, 이 모든 이유로 인해 분노했다.

그것이 바로 하나님께서 요나에게 "네가 성내는 것이 옳으냐"라고 물으신 요나 4장 4절 당시 요나의 내면 상태였다. 이때까지만 해도 요나의 분노는 어느 정도 정당성을 지니고 있었다. 그러나 하나님이 첫 번째 질문에서 요나가 왜 화를 내는지에 대한 이유를 묻지 않으셨기 때문에 첫 번째 대화에서 요나는 그의 분노를 쏟아내지 못했다.

그리고 요나가 이 대화 바로 이후에 요나 4장 5절에서 성읍 동쪽으로 나갔을 때, 그의 심정은 어떠했을까?

하나님이 니느웨를 용서하신 것에 대한 그의 분노가 이미 가라앉아 마치 소풍하듯이 동쪽 언덕에 올라가 상황을 지켜보고 있었을까?

물론, 아니다.

한국 속담에 "종로에서 뺨 맞고 한강에서 화풀이한다"라는 말이 있다. 분노를 제때 표출하지 못하면, 그것이 마음속에 쌓였다가 엉뚱한 곳에서 터져 나온다는 뜻이다. 하나님이 니느웨를 용서하시기로 결정하신 순간부터, 요나는 계속 분노로 속이 부글부글 끓고 있던 이른바 '분노 모드' 중이었다.

이렇게 요나가 잔뜩 분노하고 있을 때, 박넝쿨 사건이 터졌다. 요나의 머리 위로 뜨거운 햇볕이 작열했고, 금방이라도 폭발할 듯했던 그에게 박넝쿨의 그늘이 잠깐의 위로와 기쁨이 되었으나, 그 박넝쿨마저 말라 죽었다. 그러자 요나의 분노가 다시 터져 나왔다.

> 요나가 혼미하여 스스로 죽기를 구하여 이르되 사는 것보다 죽는 것이 내게 나으니이다 (욘 4:8).

요나의 두 번째 분노에 대해 하나님이 "네가 박넝쿨로 인해 성내는 것이 옳으냐"라고 물으셨을 때, 요나는 혼미하여 무언가 생각할 겨를도 없이 성급하게 대답했다.

> 제가 박넝쿨에 대해 성내는 것이 옳으냐고요?
> 당연하죠. 전 지금 너무 화가 나고요, 사실 아까부터 화가 나서 죽을 지경입니다. 박넝쿨에도 화가 나고 니느웨에도 화가 나고 하나님께도 화가 나고 이 세상에도 화가 나고 제 자신과 제 인생에도 화가 납니다. 저는 매일 화가 나요. 화가 나서 죽겠다고요.

이것이 요나가 "내가 성내어 죽기까지 할지라도 옳으니이다"(욘 4:9)라고 짧게 대답했을 때 내포된 그의 진심이었을 것이다.

그런데 문제는 요나가 하나님께서 하신 질문, "네가 이 박넝쿨로 말미암아 성내는 것이 어찌 옳으냐"라는 질문에 대해 이렇게 대답함으로써, 이제 요나의 모든 분노가 박넝쿨에 대한 분노로 제한되어 버렸다는 것이다.

그 결과, 하나님은 요나가 한 말을 빌미로 그의 분노를 그의 인생과 역사적 상황에서 끄집어내 "박넝쿨" 사건으로 한정지어 대화를 이끌어 가신 것이다.

이제 다시 묻게 된다.

하나님이 하신 이 마지막 질문 후, 요나의 침묵은 무엇을 의미했을까?

그는 하나님의 말씀을 이해하고 순종했을까?

아니면 자기가 내뱉은 경솔한 대답 때문에 더 이상 자신의 위치를 대변할 논쟁의 근거를 잃어버리고 더 대답 못하는 억울함과 분노 속에서 여전히 끓고 있었을까?

이유를 알 수 없는 고통 속에서 의인 욥은 하나님에 대해 이렇게 소리친 적이 있다.

> 나의 정당함을 물리치신 하나님, 나의 영혼을 괴롭게 하신 전능자(욥 27:2).

아마 요나의 침묵도 비슷한 말이지 않았을까?

"나의 정당한 분노를 물리치신 하나님, 나의 역사적 분노를 박넝쿨의 분노로 바꾸어 버리신 전능자여!"

4. 하나님의 분노, 하나님의 침묵, 요나의 생존

자신의 민족의 불운과 선지자로서의 위신을 빼앗긴 요나의 분노는, 사실 많은 사람이 일상에서 겪는 분노와 크게 다르지 않다.

사람들은 불의와 부조리 앞에서, 노예 제도와 식민 지배, 강대국의 억압과 독재자의 폭정 같은 역사적 불행 앞에서 분노해 왔다. 가난한 집안과 잘못된 부모, 꼬여버린 가족사와 만족스럽지 못한 외모에 분노했고, 등수를 매기는 교육 체제와 끊임없는 비교로 얼룩진 허영과 열등감 가득한 사회 속에서도 분노했다.

자신은 묵묵히 노력하고 있는데, 어떤 이는 단지 출신이 좋다는 이유로, 혹은 아첨과 뇌물, 과장된 자기 포장으로 더 인정받고 더 성공하는 모습을 보며 사람들은 마음속에 깊은 분노를 쌓아 갔다.

그 분노를 쏟아내지 못하고 쳇바퀴처럼 자신의 자리를 지키며 매일을 버티던 어느 날, 큰 병이나 사고를 겪거나 가정이 무너지고 사랑하는 이와의 이별을 마주하는 순간이 별안간 들이닥친다.

더는 피할 곳도 숨을 곳도 없이 인생의 고난이 적나라하게 드러날 때, 사람들은 하늘을 향해 오래 눌러왔던 목소리를 터뜨린다.

하나님, 이게 뭡니까?
제게 대체 왜 이러세요?
왜 저만 이런 일을 겪어야 합니까?
왜 저만 이토록 비참하게 내던져져 살아야 합니까?

하나님, 도대체 어디 계십니까?
이건 하나님이 막아 주셨어야 하는 것 아닙니까?

많은 사람이 그 순간을 지나왔고, 어떤 이들은 여전히 그 순간에 머물러 있다. 누구는 믿음을 버리고, 누구는 하나님과 화해하지 못한 채 쓴 뿌리를 품고 살아가며, 또 누구는 마음을 닫고 모든 것을 외면한 채 그저 하루하루를 버텨 내며 시간을 견딘다.

이상하게도 인생의 큰 비극 앞에서, 우리가 마침내 하나님의 불공평한 통치와 우리 인생의 고통을 정면으로 토해 낼 때, 하나님은 별다른 해명 없이 침묵하신다. 평소에는 이런저런 말씀을 주시던 하나님이 정작 우리가 가장 절박하게 감정을 쏟아 놓을 때는 자취를 감춘 듯 아무 말씀도 하지 않으신다.

그러나 바로 그 순간, 우리가 가장 깊이 분노하고 슬퍼할 때, 우리는 마침내 우리에게 분노했던 사람들, 그리고 우리가 외면해 온 이들의 슬픔을 이해할 수 있는 자리로 나아간다. 그리고 그제야 비로소 오랫동안 가장 깊은 분노를 품고 계셨던 하나님의 침묵 속 소리에 귀 기울일 수 있게 된다.

구약성경 전체를 통틀어 요나보다 더 깊은 분노를 품으신 분은 하나님이셨다. 요나는 죽기까지 분노했지만, 그것은 수많은 세대의 삶과 죽음을 관통하며 역사의 긴 흐름 속에 담긴 하나님의 오래된 분노에 비하면 아무것도 아니었다. 하나님은 수백 년, 수천 년에 걸쳐 상처 입은 마음을 하늘과 땅을 불러 증언하게 하셨다.

하늘이여 들으라 땅이여 귀를 기울이라

여호와께서 말씀하시기를

내가 자식을 양육하였거늘 그들이 나를 거역하였도다

소는 그 임자를 알고 나귀는 그 주인의 구유를 알건마는

이스라엘은 알지 못하고 나의 백성은 깨닫지 못하는도다 하셨도다

슬프다 범죄한 나라요 허물 진 백성이요

행악의 종자요 행위가 부패한 자식이로다

그들이 여호와를 버리며 이스라엘의 거룩하신 이를 만홀히 여겨 멀리하고 물러갔도다

너희가 어찌하여 매를 더 맞으려고 패역을 거듭하느냐

온 머리는 병들었고 온 마음은 피곤하였으며

발바닥에서 머리까지 성한 곳이 없이

상한 것과 터진 것과 새로 맞은 흔적뿐이거늘

그것을 짜며 싸매며 기름으로 부드럽게 함을 받지 못하였도다(사 1:2-6).

이 이사야의 구절에서 하나님은 이렇게 외치시는 듯하다.

이게 뭐냐고?

그걸 지금 나한테 묻는 것이냐?

내가 이렇게 될 것이라고 수없이 말하지 않았더냐?

내가 보낸 선지자들을 돌로 쳐 죽이고, 이제 와서 왜 일이 이렇게 되었냐고 내게 따지는 것이냐?

죄의 결과는 사망이고 회개하지 않으면 다 멸망할 것이라 내가 경고하지 않았더냐?

너희가 역사 내내 서로를 해치고 파괴하며 망쳐 온 이 세상에서 일어난 비극을, 왜 내가 막아 주지 않았냐고 묻는 것이냐?

차라리 내가 너희를 로봇처럼 만들어 시키는 대로만 하게 했어야 했단 말이냐?

네가 욕하는 저 나쁜 자들을 제거하고, 너의 이기심과 욕망도 모조리 제거해 말 잘 듣는 존재로 만들어 세상을 평화롭게 유지했어야 했다는 말이냐?

네 인생의 주인이 네 자신인 듯 스스로 선택하고 결정하며 살아왔으면서, 왜 이제 와서 그 결과에 대해 나를 원망하느냐?

내가 너희 아버지가 아니냐고?

그렇다면 아버지인 내가 하는 말들은 왜 그동안 다 무시했느냐?

너희의 온 머리는 병들었고 온 마음은 지쳐 있으며, 발바닥에서 머리까지 성한 곳이 하나도 없는데도, 왜 너희는 여전히 나에게 돌아오지 않느냐?

사람들은 하나님의 분노를 이해하지 못했다. 하나님의 이런 격한 반응을 불편해했고, 그래서 구약의 하나님은 무섭고 신약의 하나님은 자비롭다고 쉽게 단정지었다. 심지어 구약과 신약의 하나님이 다르다고 오해하기도 했다.

그러나 우리가 인생의 비극 앞에서 울부짖고, 세상의 부조리에 항의하며 하나님께 따질 때, 우리도 한 번쯤은 질문해 보아야 하지 않겠는가?

도대체 그분은 무엇에 얼마나 분노하셨기에 결국 자신의 아들을 십자가에 못 박히도록 내어 주기까지 하셨는가?

나는 그분께 무엇을 했으며, 그분은 나에게 무엇을 하실 작정이신가?

죄가 세상에 들어와 세상을 망친 이후, 인간이 하나님을 밀어내고 스스로를 결정권자로 삼아 세상을 경영하기 시작한 이후, 세상은 끊임없는 비명으로 가득 찼다.

억압받던 자들이 억압자가 되고, 억압하던 자들은 회개 없이 얼굴과 입장만 바꾸어 자신을 정당화하며 정의를 외쳤다. 정의는 복수가 되고, 복수는 살인이 되며, 살인은 다시 정의로 둔갑했다. 세상은 언제나 그랬다. 그래서 우리는 모두 각자의 이유로 분노하고 있었다.

우리가 겪은 억울함과 상처가 우리가 쏟아내는 분노의 정당한 이유가 된다고 목소리를 높이는 동안 하나님은 그 상처 입은 사람들의 무시무시한 정당성조차도 다 들어주셨다. 그들을 꾸짖지도, 억압하지도 않으셨다. 하나님은 이미 오래 전에 분노로 분노를 다스리는 방식을 내려놓으셨다.

요나의 분노는 정당했다. 그는 니느웨에게 억압당한 이스라엘의 입장에서 분노했다. 그리고 그렇게 세상 모든 사람의 분노는 자신이 처한 현실과 역사 속에서 나름의 정당성을 가지고 있었다.

그러나 이스라엘이 자기보다 더 약한 나라들을 억압했을 때도, 요나의 분노는 여전히 정당했을까?
그는 그때도, 분노했을까?
우리가 억울함과 고통 속에서 분노할 때, 우리는 정말 더 억울한 이들의 상황과 무관하며, 그들의 분노의 대상이 되고 있지는 않았을까?

하나님은 요나의 정당한 분노, 요나가 정당하다고 믿었던 분노, 어떻게 보면 실제로 정당했을 그 분노를, 정당하지 않은 분노로 바꾸어 요나를 침묵 속으로 초청하셨다.

요나의 입장에서 보면 그것은 분명히 억울한 일이었을 것이다. 그러나 피해자가 가해자가 되고, 가해자가 피해자가 되어 거미줄처럼 얽혀버린 세상에서, 하나님은 번개를 던져 악인을 없애거나 사람의 마음을 억지로 조정하여 문제를 해결하지 않으셨다.

오히려 선인들의 희생을 통해 세상을 치유하시고, 악인들의 번영을 통해 또 다른 악을 벌하시는 방식으로라도, 하나님은 당신의 원칙을 지키되, 또 그 원칙 너머에서 일하셔야 했다.

하나님은 사람들이 믿는 단순한 원칙이나 진리에 머무르지 않으시고, 한 인간의 삶에 들어오셔서 그의 억울함과 수치, 분노를 함께 겪으셨다. 그리고 그 고통의 시간을 압축하여 마침내 그의 침묵이 하나님의 침묵을 닮아가게 하셨다.

요나서에서 가장 일관적으로 등장하는 동사는 "예비하셨다"(히브리어: 마나, *manah*)이다. 하나님은 요나서 전체를 통해 끊임없이 예비하셨다. 하나님을 피해 도망치다 바다에 빠진 요나를 위해 큰 물고기를 예비하셨고(욘 1:17), 하나님의 뜻에 분노한 요나를 위해 박넝쿨을 예비하셨으며(욘 4:7), 요나가 헛되게 의지한 그 박넝쿨을 갉아먹을 벌레를 예비하셨고(욘 4:7), 마침내 요나를 더욱 괴롭게 할 뜨거운 동풍까지 예비하셨다(욘 4:8).

요나는 하나님으로부터 도망가고 거역하고 분노했지만, 그의 삶 전체가 하나님의 계획 아래 있었다는 사실을 알지 못했다.

왜 하필 하나님은 이스라엘의 애국적 선지자인 요나에게 최악의 원수였던 앗수르의 수도 니느웨로 가라고 명하셨을까?

요나가 도망칠 줄 아셨기 때문이다. 다른 선지자였다면 몰라도 이스라엘의 회복을 선포했던 애국지사 요나라면 그 명령을 받아들이지 못할 것을 하나님은 알고 계셨다. 그래서 하나님은 도망가는 선지자를 위해 폭풍과 큰 물고기를 예비하셨고, 마침내 요나를 물고기 뱃속에서 살아난, 죽음을 이기고 돌아온 유명한 선지자가 되게 하셨다.

왜 니느웨는 요나의 무심한 단 한 줄의 심판 선언, "사십 일이 지나면 니느웨가 무너지리라"(욘 3:4)라는 말에, 짐승들까지 굵은 베옷을 입히는 난리법석의 회개를 벌였을까?

물고기 뱃속에서 살아나온 선지자의 말을 감히 무시할 수 없었기 때문이다.

요나는 자기가 겪은 지독한 고통, 스올의 뱃속과 깊음 속 바다의 시간까지(욘 2:2-3) 하나님이 모두 그분의 일에 사용하실 줄 몰랐겠지만, 하나님은 처음부터 끝까지 요나와 그의 인생을 한 번도 소홀히 대하신 적이 없었다. 오히려 끊임없이 그의 삶에 개입하셨고, 요나가 방황한 모든 순간에 함께하시며, 그가 머물러 있던 정당한 분노와 자기 변명의 자리에서 그를 끌어내어, 마침내 세상의 침묵, 하나님의 침묵에 도달하도록 이끄셨다.

요나는 하나님의 백성과 자신의 위신 때문에 분노했고, 결국 정당성을 잃은 분노에 침묵했지만, 하나님 또한 그와 같은 분노와 침묵을 견디신 분이 아니신가?

대제국을 통해 자기 백성을 멸망시키는 일은 하나님에게도 깊은 상처였다. 역사의 주관자인 하나님이 자기 백성 하나 지켜 주지 못하는 다른 가짜 신들처럼 취급당하는 일이었기 때문이다.

그러나 북이스라엘은 하나님이 앗수르를 용서하셨기 때문이 아니라 스스로의 죄로 인해 멸망할 수밖에 없는 운명이었다. 하나님이 이스라엘을 버리셔서가 아니라 오직 멸망만이 그들을 다시 하나님께로 돌아오게 할 유일한 방법이었기 때문이다. 그 일을 위해 앗수르는 한동안 살아남아 하나님의 도구가 되어야 했다. 그러나 때가 되면 그 앗수르도 바벨론에 의해 멸망당할 것이었다.

자기 백성인 이스라엘의 고통을 보는 일, 더구나 앗수르나 바벨론 같이 더 악한 제국들을 들어 이스라엘을 징계하시는 일은 하나님께도 결코 쉬운 일이 아니었다.

선지자 하박국도 하나님이 바벨론을 불러들여 이스라엘을 심판하신다는 말에 크게 놀라 하나님의 정의를 향해 질문을 던졌다.

> 주께서는 눈이 정결하시므로 악을 차마 보지 못하시며 패역을 차마 보지 못하시거늘 어찌하여 거짓된 자들을 방관하시며 악인이 자기보다 의로운 사람을 삼키는데도 잠잠하시나이까 주께서 어찌하여 사람을 바다의 고기 같게 하시며 다스리는 자 없는 벌레 같게 하시나이까(합 1:13-14).

바벨론에 의해 멸망당할 유다의 운명을 불평하던 하박국이, 앗수르를 들어 이스라엘을 치시려는 하나님께 분노했던 요나를 떠올려 물고기와 벌레까지 언급하며 불평을 쏟아냈는지는 알 수 없다. 분명한 것은 하나님의 역사 운영에 혼란을 겪은 선지자는 요나 한 사람만이 아니었다는 사실이다.

요나는 자신이 거짓 선지자로 여겨질 것에 분노했을지 모르지만, 하나님은 자기 백성도 지키지 못한 가짜 신이라는 수치도 기꺼이 감당하셨다. 멸망만이 회복의 유일한 길이라면 자녀의 고통도, 악인을 용서하셨다는 비난도, 큰 성읍을 사랑했다는 오해도, 하나님은 모두 감수하실 작정이셨다.

이 세상을 회복시킬 유일한 길이 아들의 죽음뿐이라면, 그 무시 무시한 결단도 감행하신, 그분은 아주 이상하고 낯선 신이 아니셨던가.

이스라엘의 갱신과 회복을 위해서라면 하나님은 앗수르뿐만 아니라 바벨론도, 페르시아도 기꺼이 사용하실 계획이셨고, 이방 사람들에게 실패한 신으로 조롱당하며, 그분의 정당한 분노가 무시당하고 그 분노의 침묵 속에 머무르실 각오도 하고 계셨다.

중요한 것은, 하나님을 알지 못했던 앗수르와 다른 대제국들에게 멸망은 곧 끝이었지만, 하나님을 아는 이스라엘에게 멸망은 결말이 아니었다. 앗수르는 바벨론에 멸망하고, 바벨론은 페르시아에, 페르시아는 다시 그리스와 로마에 의해 몰락했다. 거대한 대제국들이 역사의 뒤안길로 사라지는 동안, 늘 식민지로 신음하던 이스라엘은 끝내 사라지지 않았다.

산의 뿌리까지 내려가 땅이 그 빗장을 잠근 것 같던(욘 2:6), 고래 뱃속 같던 포로기에서 이스라엘은 회복되어 돌아왔다. 포로기 이후 초라한 현실에서 다시 분노하고 낙심하고 절망했지만, 하나님은 이스라엘에게 하신 약속을 지키셨다. 역사 내내 예비하시며 조상 아브라함에게 약속하신 대로, 그리고 선지자들이 끊임없이 선포한 대로, 멸망하고 식민지로 전락한 이스라엘 가운데서 세상을 구원할 구세주를 보내셨다. 그리고 그 구세주는 이렇게 말씀하셨다.

너희가 하나님이 일하시는 표적을 보기를 원하느냐?

> 악하고 음란한 세대가 표적을 구하나
>
> 선지자 요나의 표적밖에는 보일 표적이 없느니라.
>
> 요나가 밤낮 사흘 동안 큰 물고기 배 속에 있었던 것 같이,
>
> 인자도 밤낮 사흘 동안 땅 속에 있으리라(마 12:39-40).

요나는 눈앞의 상황에 분노하며 자신의 인생을 저주했고 차라리 죽기를 바랐다. 그러나 그는 살아남았다.

그 어떤 대단한 선지자보다 더 널리 세상에 알려지며, 『피노키오』 같은 동화 속에서도, 『모비딕』 같은 고전 문학 속에서도, 고래 뱃속에서 살아나온 선지자로 당당히 살아남았다. 그리고 그는 신약성경 속에서도 살아남았다. 더욱이 그의 여정이 하나님의 아들의 고난과 부활의 여정을 닮았다고 하니, 이 얼마나 영광스러운 일인가.

요나는 자신이 숨 막히듯 버텼던 고래 뱃속에서의 사흘이, 훗날 수천 년 동안 전 세계 기독교인이 가장 소중히 여기는 예수 그리스도의 십자가 고난과 부활의 표적이 될 줄 알았을까?

만약 알았다면 그의 분노는 조금은 누그러졌을까?

지금 앞이 보이지 않는 숨 막히는 인생의 고통 속에서, 무덤의 뱃속, 바다의 깊음 속, 산의 뿌리까지 닿은 인생에서, 하나님이 우리와 우리의 자손을 통해 무엇을 이루시려는지 안다면, 우리의 분노와 고통은 위로받을 수 있을까?

사람들은 요나를 하나님의 사랑을 모르는 이기적인 선지자, 편협한 유대인의 표본이라며 비난했지만, 하나님은 하나님과 씨름하는 사람들, 그분을 찾고 그분의 침묵에 분노하면서도 끝내 그 침묵을 붙들고 놓지 않는 사람들에게 반드시 응답하신다.

사막과 같은 인생의 뜨거운 땡볕 아래에서 금강석처럼 단단한 하나님의 침묵과 씨름하는 사람은, 어느새 자기 안에도 정금 같은 침묵이 깃들어 있음을 발견하게 될 것이다.

그 침묵은 하나님과 함께 방황한 모든 시간 속에서 울음과 감동이 어우러진 단단하고 부러지지 않는 영혼의 근육이 되어 있다. 그 정금 같은 침묵의 근육은 깊음 속에서도 하나님을 향해 부르짖고, 마침내 구원을 경험한 자들의 삶에만 새겨지는 거룩의 흔적이다.

물이 나를 영혼까지 둘렀사오며

깊음이 나를 에워싸고

바다 풀이 내 머리를 감쌌나이다

내가 산의 뿌리까지 내려갔사오며

땅이 그 빗장으로 나를 오래도록 막았사오나

나의 하나님 여호와여

주께서 내 생명을 구덩이에서 건지셨나이다(욘 2:5-6).

[함께 읽으면 좋은 추천 도서]

① **창세기의 족장 이야기**
제임스 B. 조르단 지음 | 안정진 옮김 | 신국판 무선 | 192면

② **여호수아 강해**
아더 W. 핑크 지음 | 원광연 옮김 | 신국판 양장 | 844면

③ **여호수아**
F.B. 마이어 지음 | 정중은 옮김 | 신국판 | 217면

④ **다윗의 길과 여로보암의 길**
박재수 지음 | 신국판 | 308면

⑤ **다윗! 하나님의 마음에 합한 왕**
박재수 지음 | 신국판 | 344면

⑥ **욥기 강해**
임덕규 지음 | 신국판 양장 | 848면

⑦ **욥기에 나타난 하나님 나라의 진리**
명노을 지음 | 신국판 | 496면

⑧ **욥기 주석**
트렘퍼 롱맨 3세 지음 | 임요한 옮김 | 신국판 양장 | 792면

⑨ **요나, 하나님과 친밀한 선지자**
윤의현 지음 | 사륙변형 | 156면

⑩ **창조신학 관점으로 본 요나서**
이흥수 지음 | 국판변형 | 212면